Hermann-Josef Müller

Der Dual bei Euripides

Nebst einigen einleitenden Bemerkungen zur Geschichte des Duals im

Griechischen

Hermann-Josef Müller

Der Dual bei Euripides
Nebst einigen einleitenden Bemerkungen zur Geschichte des Duals im Griechischen

ISBN/EAN: 9783743681453

Hergestellt in Europa, USA, Kanada, Australien, Japan

Cover: Foto ©Thomas Meinert / pixelio.de

Weitere Bücher finden Sie auf **www.hansebooks.com**

PROGRAMM

des

Königlichen kath. Gymnasiums

zu Sigmaringen

für das

Schuljahr 1885 86.

Inhalt.

Sigmaringen, 1886.
M. Liehner'sche Hofbuchdruckerei.

1886. Progr. Nr. 420.

Der Dual bei Euripides,

nebst einigen einleitenden Bemerkungen zur Geschichte des Duals im Griechischen.

Der Ursprung und die eigentliche Bedeutung des Duals, sowie sein Gebrauch bei den verschiedenen Schriftstellern haben seit dem Anfang dieses Jahrhunderts vielfach den Gegenstand gelehrter Untersuchungen gebildet. Wohl veranlasst durch die alten Grammatiker, die den Dual als ὑστερογενής bezeichnen, sah Buttmann in demselben nur eine abgekürzte Form des Plurals, die sich im Gebrauch allmählich auf den Fall der Zahl zwei beschränkt habe. (Ausf. griech. Spr. § 33,3 Anm. 1). Dagegen behauptete W. v. Humboldt (Berl. Akad. d. Wissensch. 1828 hist. phil. Klasse p. 161 ff.), von der Beobachtung ausgehend, dass der Dual sich nicht nur in den indogermanischen Sprachen, sondern auch bei einigen der unkultiviertesten Völkerschaften Nordamerikas findet, die Ursprünglichkeit und Vernunftgemässheit dieses Numerus, der zwar keiner Sprache zum verständlichen Ausdruck der Gedanken unentbehrlich sei, aber zur Schönheit und Anschaulichkeit der Darstellung in hohem Grade beitrage. Die Richtigkeit dieser Auffassung hat die Sprachvergleichung bestätigt.

Mit der Frage nach dem Ursprunge des Duals steht die nach seiner Bedeutung in engem Zusammenhang. Denn wenn der Dual nur eine auf die Zweizahl beschränkte Form des Plurals ist, so umfasst er zwei beliebige, aus einer Menge genommene Wesen derselben Art, die zufällig in dieser Anzahl vorhanden sind. Ist er aber neben dem Plural von dem menschlichen Geiste erfunden, so muss seine ursprüngliche Bedeutung die sein, dass er zwei Dinge zu einer Einheit zusammenfasst, die entweder gleichartig (z. B. Gliederpaare etc.), oder auch entgegengesetzt (Tag und Nacht etc.), ein Drittes ausschliessen, also mit anderen Worten ein Paar bilden.

Und diese ursprüngliche Bedeutung des Duals finden wir in der That in den ältesten Denkmälern der griechischen Sprache. In den Homerischen Gedichten, die einen sehr ausgedehnten Gebrauch des Duals zeigen (cf. Blackert de dualis numeri vi atque usu apud Homerum. I. und II., Bieber de duali apud epicos, lyricos, atticos, Ohler Über den Gebrauch des Duals bei Homer), bezeichnen die Nomina, welche im Dual vorkommen, nur solche Personen und Dinge, welche überhaupt, oder an der Stelle, wo sie stehen, ein Drittes ausschliessen. Dagegen ist die Bedeutung des Verbums

1

einziges Beispiel des Duals, obschon er nicht selten stehen könnte (cf. Jbycus frgm. 16).[*]
Ich bemerke hier gleich, dass auch in den lyrischen Partieen der Tragiker der Dual
weit seltener vorkommt als im Dialog.

Von dem alten ionischen Dialekt sehr verschieden ist der neuionische, der den
Dual ganz verloren zu haben scheint, wenn man nämlich annimmt, dass Herodot die
Sprache des Volkes in diesem Punkte getreu wiedergegeben hat.

Sieht man von der epischen Poesie ab, so hat also Bernhardy Recht, wenn er
(Wissensch. Syntax der griech. Sprache p. 429) sagt, dass der Dual für die ältere Zeit eine
unklare Erscheinung bilde. Nur so viel können wir behaupten, dass die wenigen vor-
handenen Beispiele dem oben über die Bedeutung dieses Numerus Gesagten nicht wider-
sprechen.

Klarer sehen wir in Bezug auf den attischen Dialekt. Sowohl aus den Inschriften
wie aus den Werken der attischen Dichter und Prosaschriftsteller ergiebt sich: „dualem
in veterum Atticorum sermone creberrimo usu floruisse“ (Wecklein curae epigraphicae
p. 16), wie wir dies bei dem gemeinsamen Ursprung dieses und des altepischen Dialekts
auch erwarten dürfen. Wir finden den Dual bei allen attischen Schriftstellern von
Äschylus an, besonders häufig aber bei Aristophanes und Plato (cf. August Röper de
dualis usu Platonico. 1878). Und da diese mehr als die übrigen ein getreues Bild der
attischen Volkssprache in ihrer Blütezeit geben, so wird man schliessen dürfen, dass
die letzteren absichtlich den häufigeren Gebrauch des Duals vermieden haben.
Die Richtigkeit dieses Schlusses zeigen vor allem die Tragiker, welche oft nur durch
den Zwang des Metrums zum Gebrauch des Duals bestimmt wurden. (Für Euripides
soll dies unten näher dargelegt werden). So erklärt es sich auch, wenn Thukydides,
der älter als Plato, ein Zeitgenosse des Aristophanes ist, die Dualformen sparsamer anwendet. Bei Xenophon ist der Dual noch seltener.

Über den Dual bei den griechischen Rednern und in den attischen Inschriften
ist 1882 eine Schrift von Dr. Stephan Keck erschienen, welche mir erst bekannt ge-
worden ist, als die vorliegende Arbeit im Wesentlichen fertig war. An den Stellen, wo
ich sie habe zu Rate ziehen können, ist dies jedesmal bemerkt. Aus der erschöpfenden
Darstellung Keck's geht hervor, dass der Dual bei den Rednern mit der fortschreiten-
den Zeit immer seltener wird und zuletzt ganz verschwindet.

Was nun die Bedeutung des Duals bei den Attikern angeht, so ist sie von
der Homerischen nicht verschieden, wenn auch schon einige Fälle vorkommen, wo zwei
Dinge derselben Art, die einer Menge entnommen und zufällig verbunden sind, durch
den Dual zusammengefasst werden; dann steht jedoch stets ein Numerale, namentlich
die Form δυοῖν, dabei (cf. Wecklein a. a. O. p. 15 und die angeführte Schrift von Bieber),
zu welcher der Dual durch eine Art von Attraktion tritt.

---

[*] Bieber a. a. O. p. 24 führt mehrere Stellen an, an welchen δύο mit dem Dual verbunden sein
soll, wo thatsächlich dieser Numerus nicht steht: Pind. Jsthm. IV (Bergk V.) 2, Ol. XIII 32, Pyth. III 81,
Ol. IX 26' (der Vers ist nicht angegeben, es muss aber 86 sein). Simon. Am. 6. 27 (Bergk 7. 27), Sim.
C. 158 (Bergk 157) 8, Alc. 41. 4.

— 4 —

Von den alexandrinischen Dichtern hat Theokrit den Dual sowohl in den im dorischen, als in den im epischen Dialekt geschriebenen Gedichten nicht gerade selten und immer in derselben Weise wie die klassischen Schriftsteller (cf. VIII 3, XII 10—13, XXII 1 und 137—140, 182, 203, XXIV 8, 17, 30, 54, 89, XXV 69, 152, 214, 260). Um so auffallender ist es, dass in dem zweifellos ächten Gedicht XXV v. 137 das Particip λεύσσοντε in Pluralbedeutung steht.

Seit dem Beginn der Κοινή hat der Dual eine allgemeinere Bedeutung angenommen und ist allmählich ganz verschwunden. Dafür haben wir ein deutliches Zeugnis in dem Sprachgebrauche der späteren Nachahmer des Homer, z. B. in den Cynegetica des Oppian (cf. Lehrs quaest. epicae p. 319 und Bieber p. 45), welcher den Dual öfter für den Plural gebraucht, und in der Behauptung des Zenodot, Eratosthenes und Krates, dass zwischen Plural und Dual kein Unterschied sei.

Dem widerspricht es nicht, wenn bei einem Schriftsteller, wie Lukian, der die Attiker der klassischen Periode nachahmte, der Dual in seiner eigentlichen Bedeutung erscheint.*)

Im neuen Testament kommt der Dual eben so wenig vor wie in dem modernen Griechisch. (Mullach Grammatik der griechischen Vulgärsprache).

Wenn ich nun nach den erwähnten den Dual behandelnden Schriften (Keck führt p. 1 und 2 noch einige andere an) es noch unternehme, eine Untersuchung über den Euripideischen Gebrauch dieses Numerus anzustellen, so finde ich die Berechtigung dazu in dem Gedanken, dass gerade die Beschränkung auf ein so kleines Gebiet in höherem Grade, als dies in den genannten Abhandlungen geschehen ist, die vergleichende Heranziehung von möglichst vielen Fällen des von zweien gebrauchten Plurals gestattet, wodurch nach meiner Ansicht allein ein richtiges Urteil über den Umfang des Gebrauchs des Duals gewonnen werden kann. Andererseits hoffe ich auch einiges für die Kritik des Dichters beitragen zu können.

Zuvor bemerke ich noch, dass der Dual bei Euripides häufiger als bei Äschylus, ungefähr ebenso oft wie bei Sophokles erscheint. Dieser Umstand erklärt sich wohl mehr aus der Anlage der Tragödien der drei Dichter als aus einer Veränderung der Sprache. Denn in den älteren Stücken des Äschylus nehmen die lyrischen Partieen des Chores, in denen, wie schon oben gesagt wurde, der Dual weniger häufig ist, einen grösseren Raum ein, der erst in späterer Zeit zu Gunsten des Dialogs etwas beschnitten wurde. Dass auch der behandelte Stoff für den Gebrauch des Duals von Bedeutung ist, zeigt eine Vergleichung der Troerinnen des Euripides, in denen nur drei Beispiele des Duals vorkommen, mit den Phönizierinnen, die das Schicksal der feindlichen Brüder Eteokles und Polynikes behandeln, und denjenigen Stücken, wo Orestes und Pylades Hauptrollen spielen.

*) cf. z. B. Traum § 6 und 13 ταῖν χεροῖν und öfter. § 14 τὼ χεῖρε, Tim. § 26 ἐκ τοῖν σκελοῖν, § 35 τὼ χεῖρε, Char. § 3 ἐκαίνω τὼ μειρακίω, ἤστην, ἐπισάτην, ἰώ, τοῖν ἀγενύλλοιν ἐκαίνοιν, δυοῖν στίχοιν.

I. Der Dual der Nomina.

A. Erste Deklination.

Von dem Nominativ und Accusativ dieser Deklination, der auch bei den übrigen Schriftstellern selten vorkommt, finden sich in den Handschriften des Euripides nur 3 Beispiele.

Hec. 123 (ich citiere nach der Teubner'schen Textausgabe von Nauck) werden in einem anapästischen System die Söhne des Theseus, Akamas und Demophon, mit dem Patronymikon τὼ Θησείδα bezeichnet.

El. 1033 klagt Klytämnestra den Agamemnon an, er habe νύμφα δύο, sie selbst und die Kassandra, zugleich in seinem Hause gehabt (v. 1034 ist zweifellos mit Dawes κατεῖχ' ὁμοῦ statt κατείχομεν zu lesen), so dass also die rechtmässige Gattin der fremden, eingedrungenen gegenübergestellt wird.

Das dritte Beispiel steht an einer fehlerhaft überlieferten Stelle, Phoen. 1362. Der Bote beginnt die Erzählung von dem Zweikampf des Eteokles und Polynikes mit folgenden Worten:

1359 ἐπεὶ δὲ χαλκέοις σῶμ' ἐκοσμήσανθ' ὅπλοις
οἱ τοῦ γέροντος Οἰδίπου νεανίαι,
ἔστησαν ἐλθόντ' εἰς μέσον μεταίχμιον
δισσὼ στρατηγὼ καὶ διπλὼ στρατηλάτα
ὡς εἰς ἀγῶνα μονομάχου τ' ἀλκὴν δορός.

Kirchhoff hält v. 1360 für eine interpolierte Wiederholung von v. 1243 (ebenfalls aus einer Botenerzählung)

δισσοὶ γέροντος Οἰδίπου νεανίαι.

Valkenaer, der auch an der Übereinstimmung dieser beiden Verse Anstoss nahm, schrieb, um die in v. 1362 enthaltene unerträgliche Tautologie zu heben, δισσὼ ξυναίμω statt δισσὼ στρατηγώ, was zwar einen guten Sinn giebt, aber zu sehr von der handschriftlichen Lesart abweicht. Der Versuch Hermanns aber, die Tautologie in v. 1362 als eine bei Dichtern nicht ungewöhnliche und daher auch hier zulässige zu erweisen, kann nicht als gelungen bezeichnet werden. Deshalb haben auch andere Kritiker (Porson, Fix und Nauck) den Vers 1362 mit Recht für unecht erklärt. Da aber die beiden Verse 1360 und 1362 nicht zugleich entbehrt werden können, weil die Frage des Kreon nach dem Schicksal der beiden Brüder von dem Beginn der Erzählung zu weit entfernt ist, als dass das Subjekt aus dem Vorhergehenden ergänzt werden könnte, so muss v. 1360 echt sein. Was die teilweise Übereinstimmung mit v. 1243 angeht, so ist zunächst nicht zu übersehen, dass 120 Verse zwischen beiden liegen. Dann aber existieren bei Euripides Beispiele dieser Art genug, in welchen der Zusammenhang an der einen oder andern Stelle einen Vers auszuscheiden verbietet. Man vergleiche: Hec. 1046 οὐ παῖδας ὄψει ζῶντας, οὓς ἔκτειν' ἐγώ und 1051 παίδων τε δισσῶν σώμαθ', οὓς ἔκτειν' ἐγώ (cf. Wiesener de repetitione versuum in fabulis Euripideis, Nauck Euripideische Studien I. p. 91).

So bleiben nur zwei gut bezeugte Beispiele des Duals auf *a* übrig. Diesen steht eine grosse Zahl von Stellen gegenüber, an welchen diese Form des Metrums wegen stehen könnte und dem Sinne nach weit eher erwartet werden dürfte, als an jenen beiden. El. 1295 Τυνδαρίδαι (von den Dioskuren, die kurz vorher ὦ παῖδε Διός angeredet werden), Hec. 510 ἄσσοί τ' Ἀτρεῖδαι und 1091 ἰὼ Ἀτρεῖδαι (Agamemnon und Menelaus), Or. 1552 ὦ κατὰ στέγας Ἀτρεῖδαι (Orestes und Elektra), Phoen. 377 κασίγνηται δύο (Antigone und Ismene), Al. 900

> δύο δ'ἀντὶ μιᾶς Ἅιδης ψυχὰς
> τὰς πιστοτάτας σὺν ἂν ἔσχεν ὁμοῦ
> χθονίαν λίμνην διαβάντε.

Es ist ferner gewiss nicht zufällig, dass von νεανίας, mit welchem Wort öfter Orestes und Pylades und die Dioskuren bezeichnet werden, die Form auf *α* nicht vorkommt, während doch der Dichter die auf *αιν* mehrfach angewendet hat.

Aus dem Gesagten ergiebt sich, dass Euripides, wie die übrigen Schriftsteller, den häufigeren Gebrauch der Dualform auf *α* vermieden hat.

Für die Adjektiva und Participia gilt, abgesehen jedoch vom Genitiv und Dativ, bei Euripides die von Cobet (var. lect. p. 70 und nov. lect. p. 695) und schon früher von Matthiae (Gram. § 64 Anm. 2 und § 436) aufgestellte Regel, dass bei den Attikern die genannten Wortarten im Dual eine für die drei Geschlechter gemeinsame Form hatten. (Bei Sophokles trifft diese Regel ebenso wenig zu wie in den Inschriften. cf. Soph. Ant. 55 νῦν δ'αὖ μόνα δὴ νὼ λελειμμένα σκόπει und Keck a. a. O. p. 34 f.) Folgende Stellen kommen in Betracht: Suppl. 140 παῖδ'ἐμώ (von zwei Mädchen), El. 1063 ἄμφω ματαίω Κάστορός τ' οὐκ ἀξίω (Helena und Klytämnestra), Alc. 902 διαβάντε (s. oben) und Hippol. 386 ἔχοντε (auf αἰδώς bezogen). Meistens hat der Dichter, wo das Femininum des Adjektivs oder Particips durch den Sinn verlangt wird, den Plural gesetzt. cf. Jph. Aul. οἰκτρὰ πάσχετον δι' οἶσαι.

Die Beispiele des Genitivs und Dativs dieser Deklination sind etwas zahlreicher als die des Nominativs und Accusativs, was sich zum Teil schon durch das dabeistehende δυοῖν erklärt (cf. oben p. 3). Die Beispiele sind folgende: a. Genitiv: Suppl. 33 δυοῖν θεαῖν Κόρης τε καὶ Δήμητρος;*) Androm. 51 δύο δ'ἐκ δισσαῖν θνήσκετ' ἀνάγκαιν; Hippolyt. 894 δυοῖν δὲ μοίραιν (cod. A. μοιράν) θατέρᾳ πεπλήξεται (Hippolyt befindet sich in einem Dilemma); Jph. Taur. 369 ἀπ' ἀμφοῖν τοῖν νεανίαιν (Orestes und Pylades). Hierzu kommt noch Androm. 476.

> τεκτόνοιν δ'ὕμνοιν ἐργάταιν δυοῖν
> ἔριν Μοῦσαι φιλοῦσι κραίνειν.

Über diesen falsch überlieferten und schwer zu heilenden Vers (auch der entsprechende Vers der Gegenstrophe ist verderbt) hat Nauck ausführlich gehandelt (Eur. Stud. II. p. 108). Mit ihm halte ich ἐργάταιν für unecht. ὕμνοιν ist natürlich

---

*) Keck a. a. O. p. 17 f. weist aus den Rednern und den Inschriften nach, dass bei Erwähnung der eleusinischen Göttinnen nur die Form θεώ und θεοῖν gebraucht wurde. Für Euripides gilt diese Regel also nicht.

(wie ich, um später nicht mehr auf die Stelle zurückkommen zu müssen, schon hier bemerke) in ἡμῶν zu ändern, da es sich nicht um zwei Hymnen, sondern um zwei Dichter handelt. El. 95 ἁμίλλαιν, was Bieber pag. 37 anführt, ist durch den Irrtum eines Abschreibers, der sich durch das vorangehende δυοῖν verleiten liess, in den Text gekommen und schon von Porson in ἁμίλλαν geändert worden. b. Dativ: Jph. Taur. 898 δυοῖν τοῖν μόναιν Ἀτρείδαιν (Jphigenie und Orestes).

Von Adjektiven kommen ausser dem schon genannnten δισσαῖν noch zwei Beispiele des besitzanzeigenden Adjektivs vor: Alc. 847 χεροῖν ἐμαῖν (Gen.) und Heracl. 578 σαῖν χεροῖν (Dat.).

B. Zweite Deklination.

Die Ansicht, dass Euripides die Form des Duals auf α absichtlich vermieden habe, wird auch unterstützt durch den weit häufigeren Gebrauch der Form auf ω von solchen Wörtern, welche mit Substantiven der ersten Deklination gleiche Bedeutung haben.

ἀδελφώ 4 mal: El. 1298 (nom.) von den Dioskuren; Phoen. 1437 (voc.) von Eteokles und Polynikes, die an derselben Stelle 1436 γηροβοσκὼ μητρός genannt werden, Hec. 896 von Bruder und Schwester, welche am selben Tage gestorben sind und im selben Grabe bestattet werden sollen; Jph. T. 497 fragt Jphigenie den Orestes und Pylades, ob sie ἀδελφώ (nom.) seien; vielleicht ist hier der Dual durch das Verbum ἐστόν veranlasst, das des Metrums wegen nicht im Plural stehen konnte. Auf dieselbe Weise würde sich dann auch κασιγνήτω v. 498 (nom.) erklären. Ausserdem findet sich κασιγνήτω noch Hel. 1664 (nom.) von den Dioskuren und Phoen. 1267 (nom.) von Eteokles und Polynikes.

ἐκγόνω Herc. fur. 30 (acc.) von Amphion und Zethos, den Söhnen des Zeus.

σύγγονω J. A. 1153 (nom.) von den Dioskuren; El. 1063 von Helena und Klytämnestra (es folgt ἄμφω).

In fragm. 362 v. 36 (Nauck) καὶ τὴν τεκοῦσαν καὶ σὲ δύο θ'ὁμοσπόρους hat Bekker vielleicht richtig ὁμοσπόρω vermutet, worauf die Lesart ὁμοσπόρων hinleitet.

Διοσκόρω 4 mal: Hel. 284 (nom.) und 720 (accus.); J. T. 272 (nom.); Or. 465 (acc.)

Da der Begriff der Unzertrennlichkeit und Gepaartheit, welchen jeder Grieche mit dem Worte Διόσκοροι verbinden musste, den Gebrauch des Duals sehr begünstigte, so muss die geringe Zahl von Beispielen dieses Numerus neben den zahlreichen Fällen, wo der Plural steht, ohne dass der Dual durch das Metrum ausgeschlossen wäre, befremden. Man vergleiche Hel. 1643 f. (in derselben Rede bezeichnen sich die Dioskuren der Helena gegenüber mit dem oben angeführten σὼ κασιγνήτω); El. 1238 σύγγονοι Διόσκοροι (am Ende des Verses); Hel. 137 οἱ Τυνδάρειοι δ'εἰσίν ἢ οὐκ εἰσίν κόροι; etc.

Unmittelbar darauf in v. 140 wird von denselben Dioskuren gesagt:

ἄστροις σφ' ὁμοιωθέντε φάσ' εἶναι θεώ.

(Der Plural des Particips würde gegen das Metrum verstossen.) θεώ steht noch in der angeführten Stelle El. 1298 πῶς ὄντε θεὼ κ. τ. λ. ebenfalls von den Dioskuren.

ὄζω in der oben besprochenen Stelle Hec. 123, als Apposition zu Θησείδα *νεκρώ* Hel. 986 (nom.) Menelaus will gemeinsam mit seiner Gattin sterben. Ähnlich wie hier steht *νεκρώ* Or. 1536 (acc.). An beiden Stellen in Verbindung mit *δύο*. *τέκνω* Phoen. 1428. Nauck giebt den Vers nach der Aldina:

$$\text{ἐπεὶ τέκνω πεσόντ' ἐλειπέτην βίον κ. τ. λ.}$$

Da einige Handschriften *ὡς γὰρ* statt *ἐπεὶ* und im Folgenden *πεσόντε τέκν'* oder auch *πεσόντε παῖδ'* haben. so müssen wir, glaube ich, mit Porson schreiben: *ὡς γὰρ πεσόντε παῖδ' ἐλειπέτην βίον*. Denn abgesehen davon, dass so eine Anknüpfung an das Vorhergehende gewonnen ist, und der Vers eine bessere Cäsur erhält, ist es auch auffallend, dass die Form *τέκνω* sonst nie vorkommt, während der Plural von Brüder- und Schwesterpaaren sehr oft gebraucht wird, wo der Dual nach Sinn und Metrum am Platze wäre, z. B. Phoen. 1260.

φίλω Phoen. 1659 (accus.) von Antigone und Polynikes und J. A. 1247 (nom.) von Jphigenie und Orest. An beiden Stellen steht *δύο* dabei.

κακώ (subst.) Phoen. 582 (acc.), J. T. 487 (acc.), fragm. 259 (nom.), immer in Verbindung mit *δύο*. An allen drei Stellen werden die Übel genau bezeichnet und sind jedesmal so paarweise mit einander verbunden, dass ein Drittes ausgeschlossen erscheint:

Phoen. 582 *δύο κακὰ σπεύδεις, τέκνον,*

κείνων στέρεσθαι, τώνδέ τ' ἐν μέσῳ πεσεῖν. (C. hat *κακά*).

J. T. 487 Orest kann den Mann nicht für weise halten, dem die Nähe des Todes Schrecken verursacht, denn:

$$\text{δύ' 'ἐξ ἑνὸς}$$
$$\text{κακὼ συνάπτει, μωρίαν τ' ὀφλισκάνει}$$
$$\text{θνήσκειν θ' ὁμοίως.}$$

fragm. 259 (aus dem Archelaus)

$$\text{πολλοὺς δ' ὁ θυμὸς ὁ μέγας ὤλεσεν βροτῶν}$$
$$\text{ἥ τ' ἀξυνεσία, δύο κακὼ τοῖς χρωμένοις.}$$

Wie man sieht, ist der Dual an den beiden letzten Stellen auch durch das Metrum geboten.

λόγω Phoen. 559 (acc.) und nach einer sehr wahrscheinlichen Vermutung Schäfers Hel. 138

τεθνᾶσι κοὐ τεθνᾶσι· δύο δ'ἐστὸν λόγω (statt des handschriftlichen *λόγοι*).

Das von *κακώ* Gesagte gilt auch hier, und ähnlich verhält es sich mit *νόσω* Jon. 591 (acc.)

$$\text{ἵν' εἰσπεσοῦμαι δύο νόσω κεκτημένος}$$
$$\text{πατρός τ' ἐλαπτοῦ κατ'ὸς ὢν νοθαγενής.}$$

φρουρώ Jon. 22 als Apposition zu *δράκοντε*.

Ob die beiden Duale *κήβω* (Arist. ran. 1400 *βέβληκ' Ἀχιλλεὺς δύο κύβω καὶ τέσσαρα*) und *νεκρώ* (Arist. ran. 475), welche Nauck unter den Fragmenten aufführt, wirklich von Euripides geschrieben sind, ist schwer zu sagen. Vielleicht haben in Bezug auf die erste Stelle diejenigen Recht, welche darin eine Anspielung auf J. A. 146 (*πεσσῶν ἡδομένοις μοργαῖσι πολυπλόκοις*) finden. Jedenfalls aber passt der Vers, wenn er so oder ähnlich

von Euripides herrührt, weniger in eine Tragödie als in ein Satyrdrama, weshalb man
geneigt sein könnte, ihn mit einem jüngeren Scholion zu jener Stelle als den *Μυρμιδόνες*
entnommen zu bezeichnen. Was die zweite Stelle angeht, die dem Theseus des Euripides
nachgebildet sein soll, so kommt *νεφρός*, so viel ich sehe, bei den Tragikern nicht vor.

Auffallend kann es erscheinen, dass, neben der nicht geringen Anzahl von Beispielen des Duals auf *ω*, *τω ξένω* bei Euripides nicht vorkommt. Denn während *τοῖν
ξένοιν* nicht selten zur Bezeichnung der beiden Freunde Orestes und Pylades gebraucht
wird, stehen Nominativ und Accusativ immer im Plural. cf. J. T. 1206—1222 (wo das
Metrum den Dual nicht zulässt), v. 1340, wo es heissen könnte *μὴ λυθέντε τὼ ξένω* (kurz
vorher 1333 *ξένων*), oder J. T. 1217 und 1324, El. 547, 552, 348 (immer von Orest
und Pylades), wo überall der Dual ohne jede sonstige Änderung des Verses in den
Text passt.

Ausser *διπλώ*, *δισσώ*, *διδύμω*, wovon später die Rede sein wird, und *ἀξίω* und
ματαίω, die oben p. 6 erwähnt wurden, kommen noch folgende Formen auf *ω* von
Adjektiven vor: *οἰκτρώ* Hel. 1094, *(ἄμφω) πονηρώ* El. 928, *μόνω* J. A. 862 (das Verbum
steht im Dual, der durch das Metrum gefordert wird), *λαμπρώ* Phoen. 1246 (auf
Eteokles und Polynikes bezogen), *λευκοπώλω* Herc. fur. 29, *φιλτάτω* und *γηροβοσκώ* Phoen.
1435, *ἀρίστω* Phoen. 1267 (an den 2 letzten Stellen von Eteokles und Polynikes),
σχετλίω Alc. 470 (von den Eltern des Admet), *συνέδρω* J. A. 192 (von den beiden Ajax).

Von dem besitzanzeigenden Adjektiv finden sich folgende Beispiele:
ἐμώ ausser Suppl. 140 (fem. s. o. pag. 6) J. A. 1153, Phoen. 1207 und fragm.
207 (aus der Antiope).

σώ Phoen. 1219, Med. 816.

Ausserdem steht noch das part. *λεγομένω* Hel. 285 als Adjektiv.

Die Beispiele des Genitivs und Dativs sind etwas weniger zahlreich.

ἀδελφοῖν El. 536 *(δυοῖν)*.

Διοσκόροιν Hec. 441 (gen.) *ὡς τὴν Λάκαιναν σύγγονον Διοσκόροιν | Ἑλένην ἴδοιμι· διὰ
καλῶν γὰρ ὀμμάτων | αἴσχιστα Τροίαν εἷλε τὴν εὐδαίμονα*. Die Stelle ist wahrscheinlich
mit Dindorf für interpoliert zu erklären. Denn weder Hecuba kann die ihr in den
Handschriften zugeteilten Verse 441—443 sprechen, da sie nach dem *ἀπωλόμην* in v. 440
ohnmächtig wird und in diesem Zustande bis zu dem Auftreten des Talthybius nach
dem folgenden Chorgesange 444—484 bleibt (cf. 486), noch auch der Chor. Denn wenn
auch die Verwünschung der Helena hier nicht befremdet, so ist doch die Erwähnung
ihrer schönen Augen in diesem Zusammenhang nicht am Platz. Andererseits wäre auch
der Übergang von diesen Worten des Chores zu dem folgenden lyrischen Teile 444
—483, in welchem er seiner bangen Ungewissheit über sein zukünftiges Geschick
Ausdruck verleiht, zu unvermittelt.

Hec. 943 *τὰν τοῖν Διοσκόροιν Ἑλέναν κάσιν*.

El. 990 von denselben *καὶ τοῖν ἀγαθοῖν ξύγγονε κούροιν Διός*.

Viel häufiger steht der gen. und dat. plur. cf. J. A. 768. Hel. 1667. Auch Or.
1689 *τοῖς Διὸς υἱοῖς* passt hierhin.

2

τέκνοιν Phoen. 1263 (gen.). Diesen Vers haben Valkenaer und Kirchhoff für unecht erklärt. (Der Bote, welcher der Jokaste den bevorstehenden Zweikampf ihrer Söhne meldet, kann nicht wissen, dass beide fallen werden). Neben diesem einen Beispiel des gen. dual. kommen ausserordentlich viele des Plurals mit Bezug auf ein Geschwisterpaar vor. cf. Med. 513, 620, 850, 1180 von den beiden Kindern der Medea, die Med. 816 mit σὼ παῖδε bezeichnet werden; dann τοῖσδε φιλτάτοις τέκνοις (von Orestes und Elektra), von den Stellen zu schweigen, an denen das Metrum den Dual nicht erlaubt, z. B. Med. 891 τέκνοισι.

κακοῖν Hel. 731 (dat. abhängig von χρῆσϑαι) und λόγοιν Suppl. 486 (gen. so schreibt richtig der Corrector des Palatinus und die Abschriften dieses Codex statt λόγων in B C) beides in Verbindung mit δυοῖν. Auch gilt hier das oben pag. 8 zu κακώ und λόγω Bemerkte.

ξένοιν wird von Orestes und Pylades in der Jph. Taur. häufiger gebraucht: v. 310, 1178, 1188, 1333, immer im Genitiv ohne δυοῖν. 281, wo die handschriftliche Lesart πάν τηδε πέτραν ἅτερος λιπὼν ξένην keinen Sinn giebt, hat Brodaeus mit Berufung auf v. 310 ἅτερος δὲ τοῖν ξένοιν mit Recht ebenfalls ξένοιν geschrieben. Da an allen diesen Stellen ξένοιν Genitiv ist, der Dativ aber, auch wo es sich um Orestes und Pylades handelt, stets im Plural steht (cf. J. T. 1204, 1225, 1413), so ist es mir zweifelhaft, ob Seidler J. T. 1353, wo die Handschriften haben:

σπεύδοντες ἦγον διὰ χερῶν πρυμνήσια
πόνῳ δὲ δόντες τὴν ξένην καϑῖσαν,

mit der Änderung τοῖν ξένοιν das Richtige getroffen hat. Sollte nicht vielmehr der Fehler anderswo zu suchen und unter ξένην, ebenso wie gleich nachher 1364 unter ξένης, die Jphigenie zu verstehen sein?

Es sei noch bemerkt, dass in der Elektra, wo Orestes und Pylades ebenfalls manchmal als οἱ ξένοι bezeichnet werden, der Dual nicht vorkommt. (cf. El. 414). Der gen. plur. wird übrigens in der Jph. Taur. von denselben Personen ohne jeden Unterschied der Bedeutung gebraucht, wie sich aus einer Vergleichung der beiden folgenden Stellen ergiebt:

J. T. 1168 ἡ δ'αἰτία τίς; ἢ τὸ τῶν ξένων μῖσος;
und J. T. 1178 μίασμα δ'ἔγνως τοῖν ξένοιν ποίῳ τρόπῳ;

πότμοιν Phoen. 951 τοῖνδ'ἐλοῦ δυοῖν πότμοιν
τὸν ἕτερον ἢ γὰρ παῖδα σῶσον ἢ πόλιν. (tertium non datur).

δυοῖν πιτύλοιν Troad. 817 (dat.) von den beiden Bestürmungen Trojas durch Herakles (cf. 805 ff.) und Agamemnon.

δυοῖν ἐχθροῖν Jon. 848 (gen.)

ἠπείροιν δυοῖν Jon. 1585 (gen.) Europa und Asien.

διπλοῖν γαλενοῖν Cycl. 461 (dat.) von den beiden Riemen, mit welchen der Bohrer gedreht wird; cf. zur Sache Hom. Od. ι 384 ff., welcher Stelle Euripides hier folgt.

δισσοῖν κνωδάλοιν Suppl. 146 (dat.). Im vorhergehenden Vers fragt Theseus: καί τοῖσδ' (dem Tydeus und Polynikes) ἔδωκας θηρσὶν ὣς κόρας σέθεν: der Dual wird durch das beigefügte δισσοῖν veranlasst sein.

Von Adjektiven in dieser Form kommen ausser διπλοῖν und δισσοῖν, ἀγαθοῖν (pag. 9) und μόνοιν (pag. 7) noch folgende vor:

ἀθλίοιν Or. 121 (dat.) τοῖν τ'ἀθλίοιν τοῖνδ' mit Bezug auf Orestes und Elektra. ἐσθλοῖν zusammen mit ἀμφοῖν fragm. 524 (gen.) ἀπεστερημένοιν Phoen. 1403 in einem gen. absol., dessen Subjekt ἀμφοῖν ist.

μόνοιν wollte Markland J. A. 863 für μόνοις schreiben, durch μόνω im vorhergehenden Vers veranlasst. Schwerlich richtig und jedenfalls unnötig, wenn man alle Stellen in Betracht zieht, an denen in demselben Satz Dual und Plural ohne Unterschied der Bedeutung wechseln, worüber unten mehr.

Wie eine Betrachtung der angeführten Stellen zeigt, ist der Genitiv des Duals der zweiten Deklination weit häufiger als der Dativ.

C. Dritte Deklination.
1. Nominativ und Accusativ.

Die geringe Zahl der Beispiele dieser beiden Kasus ist um so auffallender, als mehrere häufig vorkommende Substantiva, welche paarweise vorhandene Gliedmassen bezeichnen, dieser Deklination angehören. Auch kommt (ausser σκελοῖν) keine Dualform eines Nomens, welches Kontraktion erleiden kann, vor, so dass die Dramen des Euripides keinen Anhalt dafür bieten, ob man z. B. τὼ πόλη oder πόλεε oder πόλει, σαφῆ oder σαφέε u. a. m. zu schreiben hat.

Folgendes sind die Substantiva der III. Deklination, welche im nom. oder acc. dual. vorkommen:

ὄσσε, welches, jedoch einzig in dieser Form, bei Homer sehr häufig ist, steht bei Euripides nur einmal, in einer dem Homer nachgebildeten Stelle, Troad. 1314 μέλας γὰρ ὄσσε κατακαλύπτει θάνατος (cf. Jl. Δ 461, E 310). Dagegen kommen die Formen des Plurals ὄσσων und ὄσσοις bei unserem Dichter hin und wieder vor, cf. Hec. 915, Alc. 269 und sonst noch.

χεῖρε. Von dieser Form, welche bei Homer, bei den attischen Prosaikern und bei Aristophanes (cf. Bieber p. 34 f., Keck pag. 21) ziemlich häufig ist, findet sich bei Euripides nur ein Beispiel, welches noch dazu nicht unverdächtig ist:

Androm. 115 πρὸς τόδ' ἄγαλμα θεᾶς ἱκέτις περὶ χεῖρε βαλοῦσα. Passend vergleicht man mit dieser Stelle Äschyl. Agam. 1559 (Dind.), wo im Med. steht πατέρα... περὶ χεῖρα βαλοῦσα φιλήσει. Hier hat Dindorf mit Porson χεῖρε geschrieben, wie mir scheint, ganz unnötig. Denn es ist eine nicht nur auf die poetische Sprache und nicht bloss auf das Griechische beschränkte Freiheit, den Singular für den Plural, bezw. den Dual zu setzen (Matth. Gram. II § 293, Kühner Gram. II § 347). Zu der Stelle bei Äschylus wird noch angeführt Simonides fragm. 44,4 ἀμφὶ Περσεῖ βάλλε φίλαν χέρα. Von anderen Wörtern bei Euripides vergleiche man Cycl. 225, Herc. fur. 703, El. 451, Med. 1108 (σῶμα), Troad. 377 (δάμαρτος von mehreren Gattinnen), Med.

689 τί γὰρ σὸν ὄμμα .. συντέτηχ' ὅδε, Alc. 385 καὶ μὴν σκοτεινὸν ὄμμα μου βαρύνεται, Hec. 520 πήγξω τόδ' ὄμμα (Elmsley zu Med. 1105 im Mus. Crit. Cantabr. V p. 34).

Aus einer beträchtlichen Anzahl von Stellen, an denen der Singular oder Plural von χείρ steht, während doch Sinn und Metrum den Dual zulassen, um nicht zu sagen fordern, scheint nun hervorzugehen, dass die tragischen Dichter die Form χεῖρε, welche bei Äschylus und Sophokles nirgendwo vorkommt, absichtlich vermieden haben. Es sei gestattet, diese Behauptung für Euripides näher zu begründen. Suchen wir zunächst nach Parallelstellen zu dem oben angeführten Vers aus der Andromache, so finden wir, dass, wo von Umarmungen die Rede ist, sehr häufig der Singular von χείρ gebraucht wird. J. T. 799 περιβαλὼν πέπλοις χέρα. Orest hat seine Schwester umarmt (kurz vorher 796 περιβαλὼν βραχίονι). Hel. 628 περί σ' ἐπέτασα χέρα. Bacch. 1163 ἐν αἵματι στάζουσαν χέρα περιβαλεῖν τέκνον. (Suppl. 165 πίτνων πρὸς οὐδας γόνυ σὸν ἀμπίσχειν χερί).

Noch eher dürfte man den Dual erwarten Bacch. 615 οὐδέ σου ξυνῆψε χεῖρα δεσμίοισιν ἐν βρόχοις: wo doch selbstverständlich beide Hände zusammengebunden werden sollen. (Andr. 885 heisst es χέρας δήσαντες).

Nicht selten lesen wir, dass jemand zum Zeichen der Trauer die Hände auf (an) das Haupt legt und die Wangen (die Haut etc.) mit den Nägeln zerkratzt. cf. Hec. 655 πολιόν τ' ἐπὶ κρᾶτα μάτηρ | τέκνων θανόντων | τίθεται χέρα δρύπτεταί τε παρειάν κ. τ. λ. El. 147 κατὰ μὲν φίλαν | ὄνυχι τεμνομένα δέραν | χέρα τε κρᾶτ' ἐπὶ κούριμον | τιθεμένα θανάτῳ σῷ. Dass beide Hände gemeint sind, folgt aus den Stellen, wo der Plural steht. cf. Hel. 372 und Phoen. 1351 (χεροῖν).

Ebenso steht der Singular, um zu bezeichnen, dass einem etwas in die Hände gegeben wird. cf. Troad. εἰς χεῖρα δῶμεν und 1286 εἰς χεῖρα δοῦναι τῇνδε. Alc. 1113 steht in demselben Sinn der Plural. Alc. 34 f. νῦν ἐπὶ τῇδ' αὖ | χέρα τοξήρη φρουρεῖς ὁπλίσας. Apollo bewaffnet beide Hände mit dem Bogen. Der Dual könnte stehen, wenn man für Euripides die Zulässigkeit der kontrahierten Form des Duals zugeben will.

Die Beispiele des Plurals an Stellen, wo der Dual dem Sinne angemessen und metrisch zulässig wäre, sind noch zahlreicher. cf. Androm. 417 καὶ περιπτύσσων χέρας | λέγ' οἷ' ἔπραξα. Andr. 426 λάβεσθέ μοι τῆσδ' ἀμφελίξαντες χέρας. Es kann natürlich hier wie in v. 824 nichts ausmachen, dass von den Händen mehrerer Personen die Rede ist. Denn wie Dinge, welche bei einem Besitzer einmal vorhanden sind, im Singular stehen, wenn sie als bei mehreren Besitzern vorkommend bezeichnet werden (cf. Cycl. 225, Herc. fur. 703, Med. 1108, Med. 1070), ebenso gut können bei einem Besitzer paarweise vorhandene Dinge derselben Art, auch wenn von mehreren Besitzern die Rede ist, in den Dual treten (cf. unten über χεροῖν). Ich würde dies nicht ausdrücklich bemerken, wenn nicht Ohler (a. a. O. p. 23), verleitet durch die Bemerkungen der alten Grammatiker, in dieser Thatsache einen kühneren Gebrauch des Duals bei Homer hätte finden wollen. (cf. über die Missverständnisse der alten Grammatiker die Auseinandersetzung Biebers pag. 39 f.) Andr. 555 χέρας ... ἐκδήσαντες. Andr. 1181. Phoen. 1459 περιβαλοῦσ' ἀμφοῖν χέρας. Herc. fur. 940. Hippol. 200. Alc. 350. Hippol. 1190. Med.

956 *λάζυσθι φρενάς τάσδι, παίδας εἰς χέρας*. Stellen wie die letzte sind namentlich bezeichnend neben der grossen Menge der Beispiele von *χεροῖν* und *ἐν χεροῖν* in demselben Sinne.

Im Vorstehenden sind nur solche Stellen angeführt, wo das Metrum den Dual ohne weiteres zulässt.

Auch an keiner derjenigen Stellen, wo die zweite Silbe eines Kasus von *χείρ* elidiert ist, werden wir durch den Sinn, durch ein hinzugefügtes Verbum oder Adjektiv gezwungen, den Dual zu verstehen. cf. Alc. 254, 768, Bacch. 254, 379, 899 etc.

Die angeführten Stellen, deren Zahl sich noch vermehren liesse, machen es mir sehr unwahrscheinlich, dass Euripides an der e i n e n Stelle der Andromache den Dual *χείρε* geschrieben haben sollte. Dieser Zweifel erscheint um so begründeter, als in 3 Florentiner und einer verlorenen Handschrift des Isaac Voss *χείρα* steht. Es ist allerdings zuzugeben, dass man auch hier, wie bei dem vorher besprochenen *ὅσσε*, eine Homerische Nachahmung (zumal im Hexameter) finden kann (cf. Od. λ 210 *φίλας περὶ χείρε βαλόντε*). Wie dem aber auch sei, jedenfalls muss uns das Gesagte abhalten, an den Stellen, wo die Handschriften den acc. sing. haben, den Dual in den Text zu setzen, wie dies nach dem Vorgange Marklands J. T. 269 ... *θεοσεβὴς δ'ἡμῶν τις ἂν | ἀνέσχε χεῖρα καὶ προσεύξατ' εἰσιδών*, die meisten Herausgeber gethan haben, wenn es auch richtig ist, dass die Betenden beide Hände in die Höhe heben. Übrigens mussten dieselben Kritiker, wenn sie konsequent sein wollten, auch an den andern angeführten Stellen den Dual schreiben.

παῖδε findet sich 8 mal. Nominativ: El. 1291 *ὦ παῖδε Διός*, Hel. 1680 *ὦ παῖδε Λήδας*, Jph. A. 1153 *καὶ τὼ Διός σε παῖδ'*, an allen 3 Stellen von den Dioskuren; Phoen. 1208 *παῖδ' ἐμώ* und Phoen. 1219 *τὼ παῖδε τὼ σὼ μέλλετον* von Eteokles und Polynikes; fragm. 207 *παῖδ' ἐμώ* am Ende des Trimeters, von den Söhnen der Antiope. Accusativ: Suppl. 140 *παῖδ' ἐμώ* von den Töchtern des Adrastus, Med. 816 *σὼ παῖδε* von den Kindern der Medea (Elmsley hat wohl nicht Recht, wenn er hier die Lesart der Aldina *σὸν σπέρμα* in den Text setzt).

An allen diesen Stellen erlaubt das Metrum den Plural nicht, ausser Phoen. 1219, wo indessen das Verbum *μέλλετον* nicht im Plural stehen kann. Dagegen lesen wir den Plural an vielen Stellen mit ähnlicher Bedeutung und auch an mehreren, wo das Metrum den Dual gestattet. cf. Alc. 375 (es sind die beiden Kinder der Alkestis gemeint), Phoen. 55 (Eteokles und Polynikes), Med. 1069 und 1237 (von den beiden Kindern der Medea).

ἄνδρε Phoen. 1267 von Eteokles und Polynikes und Or. 1555 von Orestes und Pylades.

φῶτε Hel. 1094 (acc.) von Menelaus und Helena, Cycl. 397 (acc.) von zwei Gefährten des Odysseus (an beiden Stellen mit hinzugefügtem *δύο*). An den vier zuletzt angeführten Stellen verlangt das Metrum den Dual. Der Dual *φῶτε* Rhes. 733 (acc.) von Odysseus und Diomedes, wovon weiter unten noch ausführlicher die Rede sein wird, könnte durch das nachfolgende Particip *περιπολοῦνθ'* veranlasst sein.

γίροντε Bacch. 365 (acc. mit δύο) von Kadmus und Tiresias. In diesem Vers, welcher für den Zusammenhang überflüssig, wenn nicht störend ist, hat der Cod. B. γέροντες δ' gegen das Metrum. Vielleicht hat man γέροντες zu schreiben ohne δ'.

Hel. 1500 werden die Dioskuren angeredet σωτῆρες τᾶσδ' Ἑλένας. Da in dem Vers der Strophe 1483 steht σύριγγι πειθόμεναι wird man mit Musgrave σωτῆρε zu schreiben haben.

ἀστέρε Heracl. 854 (nom. mit δισσώ) von Herakles und Hebe.

δι᾽ Αἴαντε Jph. A. 192 (acc.).

φύλακε (acc.) Jon. 22, δράκοντε (acc. mit δισσώ), Jon. 23, beide Wörter wie φρουρώ (cf. pag. 8) von einem Drachenpaar, welches dem Erichthonius von der Athene zum Schutz beigegeben wird. Wenn auch die Zweizahl der dem Kinde beigegebenen Drachen an und für sich zufällig ist, so zeigt doch der Umstand, dass an so vielen Stellen, wo in der antiken Sage Tiere mit dem Menschen in freundliche oder feindliche Berührung kommen, dieselben in der Zweizahl auftreten, dass die Alten sie als wirkliche Paare gefühlt haben. Man denke an die Schlangen, welche Herakles in der Wiege erwürgt, an die, welche dem Laokoon mit seinen Söhnen den Tod bringen, an die Stiere, die das goldene Vliess bewachen etc. etc.

Dasselbe δράκοντε haben Porson und Badham Jon. 1427 vermutet, worüber bei den Participien mehr.

Ob τίνοντ' Bacch. 938 τάνθένδε δ'ὀρθῶς παρὰ τίνοντ' ἔχει πέπλος Dual oder acc. sing. ist, lässt sich nicht entscheiden; ich halte das Letztere für wahrscheinlicher, cf. Med. 1166.

Drei Adjektiva der dritten Deklination kommen in der Dualform auf ε vor: ἄπαιδε Alc. 736 (nom.) von den Eltern des Admet; ἥσσον'(ε) Hel. 1660 (nom. so Pierson richtig für das handschriftliche ἥσσονες, das nicht in den Vers geht), φυγάδε Suppl. 142 von Tydeus und Polynikes. An allen drei Stellen verlangt das Metrum den Dual.

Einige Worte mögen gestattet sein über eine Stelle, an der Porson und nach ihm Dindorf den Dual eines Adjektivs gegen die Autorität der Handschriften in den Text gesetzt haben. Or. 200 (bei Porson 195) klagt Elektra in einer dochmischen Partie, dass sie wie die von Orest getötete Klytämnestra verloren sei, da ihr Leben sich in Wehklagen und Seufzen (um den kranken Bruder) verzehren werde. Dabei gebraucht sie die Worte:

200 ὀλόμεθ' ἰσονέκυες ὀλόμεθα (so haben die meisten Handschriften).

Der korrespondierende Vers der Strophe 177 lautet:

τὸν Ἀγαμεμνόνιον ἐπὶ δόμον.

In der Aldina und in Cod. B. (Vatic. 909) heisst v. 200 ὀλόμεθ' ὀλόμεθ' ἰσονέκυες. Porson behielt diese Wortfolge bei und schrieb: ἰσονέκυε, wobei er v. 177 den Artikel strich, ohne dadurch eine Übereinstimmung im Versmass zu erreichen. Dindorf, in der Annahme, der Vers der Strophe bestehe aus drei kurzen Silben und einem Dochmius

‿ ‿ ‿|‿ ◠◠ ◠◠ ‿ ‿   ‿‿‿| ◠◠ ‿‿ ‿

τὸν Ἀγαμεμνόνιον ἐπὶ δόμον, schrieb in der Gegenstrophe: ὀλόμεθ' ἰσονέκυ' ὀλόμεθα. Mir scheint gar keine Änderung nötig zu sein. Da nämlich die letzte Silbe des v. 199

πατέρα τέχνα τε τάδε σέθεν ἀφ' αἵματος kurz ist, so wird der dochmische Rhythmus
unterbrochen, und der Dichter hat den akatalektischen trochäischen Dimeter, den die
Handschriften haben, geschrieben:

τόν 'Αγαμεμνόνιον ἐπὶ δόμον

ὀλόμεϑ' ἰσονέκυες ὀλόμεϑα.

Dass in dem ersten Verse die Arsis des zweiten Fusses nicht aufgelöst ist, wird
durch den Eigennamen entschuldigt. *)

Sehr häufig ist der Gebrauch des Nom. und Accus. der Participien dieser Deklination. Viele Gelehrte, vor allem Porson, haben bei der kritischen Behandlung dieser
Formen den Handschriften wenig Gewicht beigelegt. Ich glaube, mit Unrecht. Denn
wenn es auch richtig ist, dass in einer Zeit, wo die Kenntnis des Duals abhanden gekommen war, ein Abschreiber leicht das ς des Plurals hinzufügen konnte, so sind doch
unter den ungefähr 50 Stellen, an denen der Dual zweifellos anzunehmen ist, nur 9,
an welchen alle Handschriften oder einige, und zwar nicht immer die besten, den
Plural haben. Folgendes sind die Beispiele, wo alle oder doch die besten Handschriften
im Dual übereinstimmen: Alc. 470 ἔχοντε (masc. nom.) von den Eltern des Admet, 902
διαβάντε (fem. accus. ψυχάς); Hel. 140 ὁμοιωϑέντε (masc. accus.) von den Dioskuren, 825
und 981 ἱκετεύοντε (masc. nom. u. accus.), 828 πείσαντε (masc. nom.), 1060 κενοταφοῦντ'
(masc. nom.), 1096 ῥίπτονϑ' (masc. nom.), überall von Menelaus und Helena, 1665
παριππεύοντε (masc. nom.) und 1685 γεγῶτ' (masc. nom.) von den Dioskuren: El. 928
ὄντ' (masc. nom.) von Ägisthus und Klytämnestra, 1242 παύσαντ' (masc. nom.', 1298
ὄντε (masc. nom.), und 1348 σώσοντε (masc. nom.) von den Dioskuren (σωσον τεκνων oder
σωσον τεκνων, was in einigen geringeren Handschriften steht, ist Schreibfehler), El. 1349
στείχοντε (masc. nom.) von den Dioskuren; Suppl. 142 ἐλϑόντε und ἐκλιπόνϑ' (masc. nom.)
von Tydeus und Polynikes; Hipp. 386 ἔχοντε (fem. nom.) scil. αἰδώ; Jph. A. 1154
μαρμαίροντ' (masc. nom.), von den Dioskuren; J. T. 112 προσφέροντε (masc. acc.), 119
κρύψαντε (masc. nom.), 1182 ἀγγέλλοντε (masc. nom.) von Orestes und Pylades; Jon.
518 ὄντ' (masc. nom.) von Jon. und Xuthus; Med. 969 εἰσελϑόντε scil. τέκνα (neutr. nom.)
von den Kindern der Medea; Or. 465 τιμῶντε (masc. nom.) von Tyndareus und Leda,
880 στείχονϑ' (masc. accus.) von Orestes und Pylades, 1061 δράσαντε (Harleianus 5725
unmetrisch δράσαντες, masc. nom.) von Orestes und Elektra; Rhes. 590 δράσαντε (masc.
accus.), 591 κτανόντε (masc. nom.), 773 περιπολοῦνϑ' (masc. accus.) von den Waffen-
gefährten Odysseus und Diomedes; Phoen. 69 πεσόντε (masc. nom,), 71 ξυμβάντ' (masc.
nom.), 1247 μαργῶντ' (masc. nom.), 1268 ἐλνεύοντε (masc. acc.), 1361 ἐλϑόντ' (masc. nom.),

---

*) Ισος, das bei Homer stets ein langes ι hat, bildet bei den attischen Dichtern einen Pyrrhichius.
Ebenso verhält es sich in Zusammensetzungen. Deshalb hat auch Dindorf Aesch. Coeph. 819 mit Recht
σκότῳ φάος ἀντίμοιρον (statt ἰσόμοιρον) wegen λύεται ἐδέκετα: der Gegenstrophe geschrieben. Warum hat
er aber keinen Anstoss genommen an Prom. 548 ἰσόνειρον, wo die Gegenstrophe 558 hat καὶ λάχος?

1406 ἀμφιβάντ' (masc. nom.), 1428 πεσόντ' oder πεσόντε (cf. p. 8 zu τέκνω, masc. nom.), 1437 προδόντ' (masc. nom.), überall von Eteokles und Polynikes.

Herc. fur. 89 ὦ θύγατερ, οὔτοι ῥᾴδιον τὰ τοιάδε | φωνῆς περαίνειν σπουδάσαντ' ἄνευ πόνου kann σπουδάσαντ' acc. masc. dual. sein, bezüglich auf Amphitryon und seine Schwiegertochter Megara.

An folgenden Stellen steht in den Handschriften metrisch unrichtig der Plural: Hel. 291 ... ἀναγνώσθημεν ἄν | ἐς ξύμβολ' ἐλθόντες. ἆ φανερὰ μόνοις ἄν ἦν von Menelaos und Helena. Porson bemerkt mit Recht zu Or. 51 (s. unten): Versum adeo immodulatum ne comicus quidem, nedum Euripides scribere potuit. Ob seine Verbesserung ἐς ξύμβολ' ἐλθόντε', ἃ φανερ' ἄν μόνοις ἄν ἦν richtig ist, kann zweifelhaft sein.

Heracl. 854 f. δισσὼ γὰρ ἀστέρ' ἱππικοῖς ἐπὶ ζυγοῖς | σταθέντες ἐκρυψαν ἅρμα λυγαίῳ νέφει. So hat der Flor. 32,2. Da der Anapäst im zweiten Fuss nicht stehen kann, hat man zu verbessern σταθέντ'.

J. T. 106 ναοῦ δ'ἀπαλλαχθέντες κρύψωμεν δέμας von Orestes und Pylades. Nach Kirchhoff haben Vatic. 909 und Flor. 32,2 den Plural, doch fügt er hinzu: ἀπαλλαχθέντε ainnt esse in C. (Flor. 32,2). Die übrigen Herausgeber merken keine Verschiedenheit der Lesart an. Nun sind aber die genannten Handschriften die einzigen, welche uns bei diesem Stücke zu Gebote stehen. Es kann indessen kein Zweifel sein, dass der Dual stehen muss.

Rhes. 784 steht in allen Handschriften zu Anfang des Trimeters θείοντες δ'ὀιρᾷ, von Odysseus und Diomedes; Canter hat verbessert θείοντε.

Or. 51 haben die meisten Handschriften unmetrisch θήξαντας, Cod. F. (Marc. 468) hat θήξαντες metrisch und grammatisch falsch; in den Scholien steht: δυϊκῶς τὸ φάσγανον θήξαντε (von Orestes und Elektra). Vgl. zu dieser Stelle Herwerden in Mnemos. IV. p. 358 ff. und Nauck Euripid. Stud. I. p. 28 (der Vers passt nicht recht in den Zusammenhang, da es sich nicht um die Art des Todes der beiden Schwestern, sondern darum handelt, ob sie sterben sollen oder nicht).

Fragm. incert. 848,3 ὅσεις δὲ τοὺς φύσαντας μὴ τιμᾶν θέλῃ. Schneidewin schreibt: τὼ φύσαντε. (Phoen. 34 heisst es: ἔστειχε τοὺς φύσαντας ἐκμαθεῖν θέλων.)

Or. 1492 ἄθυρσοι δ'οἷά νιν δραμόντε Βάκχαι ξυνήρπασαν von Orestes und Pylades. An dieser Stelle, wo wir der Hülfe der besten Handschriften (Vat. 909 und Marc. 471), in welchen v. 1205—1504 fehlen, entbehren, hat der cod. Flor. 32,2 δραμόντες. Wenn nun auch der Vers einer nicht antistrophischen lyrischen Partie angehört, so scheint doch das Metrum den Dual zu verlangen.

Phoen. 1404 ff. haben die besten Handschriften: ἔνθεν δὲ κώπας ἁρπάσαντες φασγάνων | ἐς ταὐτὸν ᾖσον, συμβαλόντες δ'ἀσπίδας | πολὺν ταραγμὸν ἀμφιβάντ' εἶχον μάχης. (von Eteokles und Polynikes). Es kommen zwar bekanntlich bei Euripides in grösserer Anzahl als bei Sophokles und Äschylus Trimeter vor, in welchen die lange Schlusssilbe eines zwei- oder mehrsilbigen Wortes die Thesis des fünften Fusses bildet (cf. Jon. 1, J. A. 630, Alc. 671 etc.) Allein wo der Fehler so leicht zu vermeiden war wie hier,

hat der Dichter es sicher gethan. Wir haben also mit den weniger guten Handschriften
ἁρπάσαντε und συμβαλόντε zu schreiben.

J. A. 862 παρόντε (masc. nom.), von Achilleus und Klytämnestra, schreibt Porson
für πάρωσϑεν, welches gegen das Versmass ist und aus 866 hierhin geraten zu sein
scheint. Die Verbesserung ist wohl richtig, im selben Vers steht das verb. fin. ἐρίστατον.
Jon. 1427 steht δράκοντες ἀρχαῖόν τι, was keinen Sinn giebt. Porson schreibt
δράκοντε μαρμαίροντε (es sind, wie wir oben sahen, zwei Drachen), Badham δράκοντε
σαρκάζοντε. Ob eine von beiden Vermutungen und welche richtig ist, lässt sich nicht
entscheiden.

Alles zusammengenommen haben wir also bei Euripides 50 Beispiele des Duals
der Participien auf ε, davon 37 im Nominativ des Maskulinums, 10 im Accusativ des
Maskulinums, je eins im Nominativ und Accusativ des Femininums und eins im Nominativ
des Neutrums. Auf leblose Wesen bezogen kommt der Dual des Particips nur einmal
vor, Hipp. 386 οὐκ ἂν δι᾽ ἥστην ταῦτ᾽ ἔχοντε γράμματα von den zwei Arten der αἰδώς.
An allen angeführten Stellen verlangt das Metrum den Dual, mit Ausnahme von
Alc. 902 διαβάντε, am Ende eines Paroemiacus. Dagegen kommen ohne Unterschied in
der Bedeutung etwa ebensoviele Beispiele des auf ein Paar bezogenen Plurals des
Particips vor. cf. Alc. 246, 272, 921, Androm. 67, 75, 756, Hel. 1042, 1047 f., El.
807 f., 846, 993, 1353, Heracl. 36 f., Herc. fur. 87. Med. 901, 921, 950, 957, 972, 975,
1022, 1039, 1058, 1316, 1350, Or. 46 f., 87, 1222, 1329, 1339, 1409, 1458, 1551, 1586,
J. A. 1002, J. T. 242, 278, 400, 412, 426, 457, 906, 1025, 1222, 1291 und 1292, 1340. Phoen.
873, 1221, 1380, Rhes. 481, 798. An nicht wenigen dieser Stellen erlaubt das Metrum
auch den Dual. Alc. 240 und Or. 87 könnte es am Ende des Trimeters πεπραγότε
heissen. Andr. 67 heisst es κτεῖναι ϑέλοντες τὴν παναϑλίαν ἐμέ (von Menelaus und
Hermione). Androm. 74 konnte der Dichter schreiben: δισσαὶ λαβόντε γύπες, wo der
Dual des Particips neben dem Plural des Substantivs ähnlich stehen würde, wie Or.
1492 ἄϑρσοι δ᾽οἷά νιν δραμόντε Βάκχαι ξυνήρπασαν. El. 993 steht am Ende eines
Paroemiacus τιμὰς σωτῆρας ἔχοντες von den Dioskuren. J. T. 242 und 1340 erlaubte
der Vers φυγόντε und μὴ λυϑέντε τὼ ξένω, von Orestes und Pylades. Med. 901, 972 und
1316 konnte es von den Kindern der Medea, mit Bezug auf welche mehrmals der Dual
steht, heissen ζῶντε, δεδόντε und τὼ μὲν ϑανόντε. Or. 48, 1329 und 1566 stand es dem Dichter
frei zu schreiben: μητροκτονοῦντε, πεφνκότε (der Dual des Adjektivs auf χς, den
Euripides nie gebraucht, war auch so nicht nötig) und τὼ διολέσαντε. Rhes. 481 könnte
man erwarten οὐκοῦν κτανόντε τοιόσδε πᾶν εἰργάσμεϑα.

Während also unter 50 Beispielen des Duals nur eins ist, wo auch der Plural
stehen könnte, sind unter 56 Beispielen des von zweien gebrauchten Plurals 15, wo
das Metrum auch den Dual zulässt. Da nun, wie eine Vergleichung der einzelnen
Stellen zeigt, die Bedeutung der verschiedenen Participien und die Personen, auf welche
sie bezogen werden, keinen Unterschied im Gebrauche begründen, so können wir sagen,
Euripides habe die auf ε ausgehende Dualform der Participien für das Maskulinum,
Femininum und Neutrum gebraucht überall, wo das Metrum den Dual verlangte,

3

ebenso oft aber den Plural, und zwar auch da, wo der Dual stehen konnte, aber nicht stehen musste. Hieraus ergiebt sich von selbst das Urteil über die Stellen, wo die Herausgeber gegen die Autorität der Handschriften und ohne durch das Metrum genötigt zu sein, einen Dual in den Text gesetzt haben. Rhes. 585 f. lesen wir in den besten Handschriften: οὐκοῦν ἐπ' Αἰνέαν ἢ τὸν ἔχθιστον Φρυγῶν | Πάριν μολόντες χρὴ καρατομεῖν ξίφει. Kirchhoff bemerkt dazu: μολόντος B² μολόντες Cb, μολόντες χρῆν c A B C, μολόντε Canterus. (Dindorf Eurip. III. 2 p. 612 hat eine andere Angabe über die Überlieferung, Kirchhoff ist aber zuverlässiger.) Soviel ich sehe, haben alle Herausgeber die Konjektur Canters aufgenommen. (Es handelt sich um Odysseus und Diomedes). Etwa wegen der nach 4 resp. 5 Versen folgenden und durch das Metrum geforderten Duale δράσαντε 590 und κτανόντε 591? Dann hätten sie auch Med. 972 διδόντε schreiben müssen wegen des nur 3 Verse vorangehenden εἰσελθόντε, oder El. 993 ἔχοντε wegen des τοῖν ἀγαθοῖν κούροιν in v. 990 und ähnlich an anderen Stellen. Ich bin der Ansicht, dass hier ebenso der Plural stehen muss wie v. 619, wo einige weniger gute Handschriften den Dual κτανόντε haben. Gerade so verhält es sich mit v. 595 ποῖ δὴ λιπόντες Τρωικὸν ἐκ τάξεων | χωρεῖτε λύπῃ καρδίαν δεδηγμένοι κ. τ. λ., wo einige Herausgeber gegen die Autorität aller Handschriften den Dual λιπόντε haben wollen. Auch hier ist die Rede von Odysseus und Diomedes. (Auffallend ist übrigens die Inkonsequenz Kirchhoffs und Naucks, die 586 gegen die Überlieferung μολόντε schreiben und 619, wo doch einige Handschriften den Dual bieten, den Plural beibehalten.)

2. Genitiv und Dativ.

Die erste Stelle nimmt billig χεροῖν (oder χειροῖν) ein, welches ungefähr 70 mal vorkommt. Der Genitiv findet sich 7 mal: Alc. 847, Bacch. 495, 738 und 858, J. T. 1047, Or. 429, Phoen. 1351. Die Beispiele des Dativs sind folgende: Alc. 19, 201, 612, Androm. 675, 1158, Bacch. 949, 1068, 1128. 1140, 1237, 1240, 1280, Hec. 526, 527, 1125, 1158, Hel. 705, 1386, 1600, El. 506, 813, 819, 1160, Heracl. 226, 578, Herc. fur. 631, 1342, Suppl. 1166, Hipp. 1220, 1359, J. A. 600, 1112, J. T. 373, 382, 1044, 1367, 1411. 1417, Jon. 1174. 1187, 1440, 1443, 1493 (χειροῖν?), Cycl. 171, 379, 630, Med. 370, 784, 891, 1003, 1412, Or. 113, 377, 1340, 1458, 1477, 1493, Rhes. 887 (χειροῖν?), Troad. 377, Phoen. 1316, fragm. 284,19, fragm. 706.

Der häufige Gebrauch von χείρ in allen Numeri hat nichts Auffallendes. Denn von den Fällen abgesehen, in denen die ausdrückliche Erwähnung der Hände durch den Zusammenhang gefordert wird, erklärt sich die Anwendung von χείρ sehr häufig aus dem Bestreben, anschaulich zu schildern, welches besonders den Dichter veranlasste, etwas als mit den Händen gethan zu bezeichnen, was anders überhaupt nicht gethan werden kann. Daneben ist nicht zu übersehen, dass gerade die Form χεροῖν sich dem Dichter als willkommenen Schluss für den Trimeter darbot. (cf. Bieber pag. 34). Den Gebrauch von χείρ aus jedem der beiden zuletzt angeführten Gründe zeigen unter andern die Verse Hec. 525—528 νεανίαι | σφάγια μόσχου σῆς καθέξοντες χεροῖν | ἕσποντο. πλήρες δ' ἐν χεροῖν λαβὼν δέπας; | πάγχρυσον αἴρει χειρὶ παῖς Ἀχιλλέως.

Für den Gebrauch des **D a t i v s** χεροῖν scheinen dieselben Regeln zu gelten wie
für die Form des Particips auf ε. Wo das Metrum den Plural nicht gestattet, steht
der Dual, wo beide Numeri stehen können, der Plural (nicht selten ist auch der
Singular ohne Unterschied der Bedeutung). Da, wie schon oben bemerkt wurde, χεροῖν
häufig durch das Versbedürfnis veranlasst wird, so ist es leicht erklärlich, dass der
Dual häufiger ist als der Plural. Indessen sind doch einige Stellen vorhanden, an denen
das Metrum ohne besondere Änderung beide Numeri zulässt: Troad. 390 χεροῖν περι-
σταλίνες, ἂν ἐχρῆν ὕπο (es könnte χεροῖν heissen); man vergleiche den sehr ähnlichen
Vers 377 οὐ παῖδας εἶδον, οὐ δάμαρτος ἐν χεροῖν | πέπλοις συνεσιάλησαν. Med. 1034
καὶ κατθανοῦσαν χεροὶν εὖ περιστελεῖν, der Dichter konnte schreiben εὖ περιστελεῖν
χεροῖν. Hippol. 188 λύπη τε φρενῶν χερσίν τε πόνος und 1188 μάρπτει δὲ χεροῖν ἡνίας
ἀπ' ἄντυγος könute es χεροῖν heissen. Ebenso steht an vielen Stellen der Singular, wo
Metrum und Sinn den Dual zulassen, z. B. Alc. 665, Andr. 917, 984 etc.

Wie wird es sich nun mit dem **G e n i t i v** verhalten? Jedes der Euripideischen Stücke
enthält Beispiele von χεροῖν in demselben Sinne wie χεροῖν in den oben angeführten Stellen.
Man vergleiche unter anderen: Alc. 984, Suppl. 314, Hippol. 533 und 828, Bacch. 733,
1071 (cf. 1068 χεροῖν dat.), Hec. 277, Hel. 831, Heracl. 414, Herc. fur. 123, 941, J. A.
36, 315, 323, J. T. 872, 946, Or. 1048, 1563, Troad. 93, 1207. Auch der Singular
steht oft, z. B. Andr. 587, 997 etc. Welcher Unterschied ist zwischen πρὸ χειρῶν χέρειν (Troad.
1207) oder βαστάζειν (J. A. 36) und ἐν χεροῖν χέρειν oder βαστάζειν (cf. Alc. 19, 201, 612 etc.)?
oder zwischen Hipp. 1359 χρoὸς ἑλκώδους ἅπτεσθαι χεροῖν und Hel. 831 ὡς οὐκ ἄχρωστα γόνατ'
ἐμῶν ἕξει χεροῖν? Und wie hier zwischen gen. plur. und dat. dual. keine Verschiedenheit zu
erkennen ist, so zeigen auch gen. dual. und gen. plur. gleiche Bedeutung. Man vergleiche J. T. 1047 ταὐτὸν χεροῖν σοι λέξεται μίασμ' ἔχων mit 946 ἐκ τοῦ δὴ χερῶν μιάσματος,
oder Bacch. 858 μητρὸς ἐκ χεροῖν κατασφαγείς mit J. T. 870 ἐξ ἐμᾶν δαϊχθεὶς χεροῖν. Daher ist vielleicht an den Stellen, wo der gen. dual. steht, der Singular oder
Plural zu schreiben. Diese Vermutung erhält eine Stütze durch Or. 517, wo die
beste Handschrift (Marc. 471) folgende Lesart bietet: τὸ λοίσθιον μίασμα λαμβάνων χερός.
Kirchhoff hat kein Bedenken getragen, dies in den Text aufzunehmen trotz der
Lesart χεροῖν im Vatic. 909, wie ich glaube, mit Recht. Sollte nun nicht das häufige
Vorkommen des Dativs χεροῖν die Abschreiber veranlasst haben, wie an dieser Stelle
so auch an manchen anderen den gen. χεροῖν zu schreiben? Daher hätten auch die
Herausgeber Hec. 1159 χεροῖν, das sich in einer einzigen Handschrift findet, nicht für
die Lesart der besten Handschriften διὰ χερὸς (so allerdings metrisch unzulässig) in den
Text aufnehmen sollen. (cf. Kirchhoff zu v. 1127 der grösseren Ausgabe und Nauck
Euripid. Studien 1. p. 23).

Die Form χεροῖν kommt in den Handschriften nicht vor. (cf. Matthiae Gram. I.
p. 217 und Bekker anecd. p. 1207. Sie ist übrigens in den besten Handschriften bisweilen verdrängt, z. B. im Laurentianus *A* in der Elektra des Sophokles v. 207). An
zwei Stellen des Euripides ist sie durch Konjektur in den Text gekommen: Rhes 887,
in einem anapästischen Dimeter, und Jon. 1493. An der ersten Stelle τὸν νεόθμητον

νεκρὸν ἐν χεροῖν | φοράδην πέμπει stellte Matthiae durch die Konjektur χεροῖν das Metrum her; vielleicht mit Recht, obschon auch der dat. plur. χεροῖν stehen könnte. Dass aber für ursprünglichen Plural der Dual in den Text kommen kann, zeigt J. T. 1333 αὐτὴ δὲ χερσὶ δέσμ' ἔχουσα τοῖν ξένοιν ὄστειχ' ὄπισθε, wo der cod. Palat. (die bessere der beiden Handschriften, auf welchen die Überlieferung dieses Stückes beruht) den Dual χεροῖν hat mit übergeschriebenem χερσί. An der anderen Stelle Jon. 1493 τροφεῖα μητρός· οὐδὲ λουτρὰ χεροῖν hat Heath χειροῖν geschrieben, um den Vers, der einer nicht antistrophischen lyrischen Partie angehört, gleich dem vorhergehenden (γάλακτι δ' οὐκ ἐπέσχον, οὐδὲ μαστῷ) zu einem katalektischen jambischen Trimeter zu machen. (Man kann im Zweifel sein, ob χεροῖν resp. χειροῖν hier Genitiv oder Dativ ist; im ersteren Fall könnte man χειρῶν schreiben).

ποδοῖν, welches man nach dem oben zu χείρ Bemerkten viel häufiger erwarten könnte, kommt nur 4 mal vor: Jon. 495, J. A. 206 und 212, Andr. 1139, jedesmal im Dativ. Meistens steht der Dativ des Plurals; cf. Alc. 267 und 739 etc.

σκελοῖν findet sich einmal: Cycl. 183 περὶ τοῖν σκελοῖν.

Den grossen Einfluss des Metrums auf den Gebrauch des Duals zeigt auch das Wort παῖς. Während nämlich die Form auf ε 8 mal vorkommt, lesen wir παίδοιν nur 3 mal, immer in Verbindung mit δυοῖν. Med. 1289 (dat.), Phoen. 1349 (gen.) und Hec. 45 (gen.). Beispiele des Plurals, wo das Metrum den Dual gestattet, sind nicht selten, cf. Med. 795, Alc. 276, Hec. 1051.

δυοῖν γυναικοῖν Androm. 178 (gen.).

δυοῖν γερόντοιν Heracl. 39 (gen.) und 653 (dat.) von Jalaus und Alkmene.

τεκτόνοιν Androm. 476 cf. pag. 6.

δισσοῖν λεόντοιν Or. 1555 (gen.), Orestes und Pylades.

δυοῖν πραγμάτοιν fragm. 364,9 (gen.).

Von Adjektiven der dritten Deklination giebt es kein, von Participien nur sehr wenige Beispiele der Form auf οιν. Ausser einem sind alle mit δυοῖν verbunden, bei zweien steht ausserdem noch ein Substantiv oder Adjektiv im Dual. Die Beispiele sind folgende:

Hel. 647 δυοῖν γὰρ ὄντοιν (Menelaus und Helena) οὐχ ὁ μὲν ἐλήμων, ὁ δ' οὔ.

El. 649 ὑπηρετείτω μὲν δυοῖν ὄντοιν τόδε.

fragm. 364,9 δυοῖν παρόντοιν πραγμάτοιν.

Jon. 848 δυοῖν γὰρ ἐχθροῖν εἰς ἓν ἐλθόντοιν στέγος.

fragm. 656,2 δυοῖν λεγόντοιν θατέρου θυμουμένου.

Von diesen Beispielen unterscheidet sich einigermassen Or. 1066 f. Πυλάδη, σὺ δ'ἡμῖν τοῦ φόνου γενοῦ βραβεύς | καὶ κατθανόντων εὖ περίστειλον δέμας κ. τ. λ. Möglich, dass der Plural zu lesen ist wie an der ähnlichen Stelle Phoen. 1462 οἱ δ' ὡς θανόντων (Eteokles und Polynikes) οὐδαμοῦ νίκη πέλοι (Fix übersetzt richtig: quod utroque mortuo nusquam victoria esset), oder wie Phoen. 69 f. τὰ δ' εἰς φόβον πεσόντε μὴ τελεσφόρους | εὐχὰς θεοὶ κραίνωσιν οἰκούντων ὁμοῦ κ. τ. λ.

D. Pronomina.

1. Pronomina personalia.

Von allen existierenden Dualformen der persönlichen Fürwörter kommen bei Euripides nur νώ, νῷν für die erste und σφώ, σφῷν für die zweite Person vor. (Früher las man noch in den Ausgaben J. A. 1207 εἰ δ' εὖ λέλεκται νῶ μὴ δή γε πτάρῃς. wozu Kirchhoff bemerkt: versus misere interpolatus. cf. Buttmann Lexil. I. p. 55 Anm.) Eine Betrachtung der einzelnen Stellen zeigt, dass der Dichter den Dual überall da gebrauchen konnte, wo zwei Personen sich unterreden (bezw. eine im Namen von zweien spricht), oder angeredet werden. Es kommen aber mehr Beispiele des Plurals vor, und auch hier scheint wieder das Metrum für die Anwendung des einen oder andern Numerus bestimmend gewesen zu sein.

a. I. Person: Nominativ 1 mal: El. 1347 νὼ δ' ἐπὶ πόντον κ. τ. λ. (von den Dioskuren) zu Anfang eines anapästischen Dimeters.

Accusativ 3 mal: Hel. 981 λμῷ δὲ θηρᾷ τύμβον ἱκετεύοντε νώ (von Helena und Menelaus). Or. 50 εἰ χρὴ θανεῖν νὼ λευσίμῳ πετρώματι und 1052 πῶς ἂν ξίφος νὼ ταὐτόν, εἰ θέμις, κτάνοι; (von Orestes und Elektra). Ausserdem hat Dindorf J. T. 111 aus Konjektur geschrieben: τολμητέον νὼ ξεστὸν ἐκ ναοῦ λαβεῖν | ἄγαλμα; die Handschriften haben τὸ oder τοι. Eine Änderung ist ganz unnötig, und die von Dindorf angeführten Parallelstellen passen nicht vollständig.

Genitiv 1 mal: Hel. 832 φέρ', ἦν δὲ δὴ νῷν μὴ ἀποδέξηται λόγους; (von Menelaus und Helena).

Dativ 13 mal: Androm. 752 ὅρα δὲ μὴ νῷν εἰς ἐρημίαν ὁδοῦ κ. τ. λ. (von Andromache und ihrem Sohne). Bacch. 194 ὁ θεὸς ἀμοχθεὶ κεῖσε νῷν ἡγήσεται (von Kadmus und Tiresias; ἡγεῖσθαι heisst hier: den Weg zeigen). Hel. 675 Ἥρα: εἰ νῷν χρείσουσα προσθεῖται κακόν; (so schreibt Hermann richtig für τίνων): 1038 εἰς ποινόν γε νῷν (am Ende des Trimeters); 1040 ‿ — — _ — ὥστε νῷν δοῦναι δάφρους; 1055 τί νῷν ἆκος; (am Ende des Trimeters); an allen vier Stellen ist von Menelaus und Helena die Rede. El. 105 φανήσεται νῷν (am Anfang des Trimeters, von Orestes und Pylades). 232 — ‿ — ‿ τοῦτο νῷν ἀμφοῖν ἔχειν (von Orestes und Elektra). Heracl. 640 ὦ φίλταθ' ἥκεις; ἄρα νῷν σωτήρ βλάψῃς; (von Jolaus und Alkmene). Herc. fur. 321 μίαν δὲ νῷν δὸς χάριν (vom Amphitryo und Megara, am Anfang des Trimeters). J. T. 482 τί ταῦθ' ὀδύρει, κἀπὶ τοῖς μέλλουσι νῷν κακοῖσι λυπεῖς, ἥτις εἶ ποτ', ὦ γύναι: So müssen wir schreiben, nicht νώ. cf. Köchly und Seidler zu dieser Stelle. Med. 871 — — ἐπεὶ νῷν πόλλ' ἐπείργασται φίλα (von Jason und Medea). Or. 1123 καὶ νῷν παρέσται ταῦθ' ἅπερ κείνῃ τότε (von Orestes und Pylades).

b. II. Person: Nominativ 1 mal: Alc. 405 ὥστ' ἐγὼ | καὶ σφὼ βαρεία συμφορᾷ πεπλήγμεθα.

Accusativ 1 mal: Or. 916 τὼ σφὼ κατακτείνοντε τοιούτους (sc. λόγους) λέγων (von Orestes und Elektra).

Genitiv 3 mal: Hel. 1681 νεάτην μεθήσω σφῷν κασιγνήτης πέρι (von den Dioskuren).

Med. 1025 πρὶν σφῷν ὄνασθαι (Anfang des Trimeters), 1036 ⏑ — ⏑ — — σφῶν γὰρ
ἐστερημένη (an beiden Stellen von den Kindern der Medea).

Dativ 4 mal: Alc. 271 οὐκέτι μάτηρ σφῷν ἔστιν (von den Kindern des Admet).
Med. 1021 ὦ τέκνα, τέκνα, σφῷν μὲν ἔστι δὴ πόλις (von den Kindern der Medea). Phoen.
460 παραινέσαι δὲ σφῷν τι βούλομαι σοφόν (von Eteokles und Polynikes). Rhes. 597 εἰ μὴ
κτανεῖν σφῷν Ἕκτορ' ἢ Πάριν θεὸς δίδωσι (von Odysseus und Diomedes).

Von denselben Personen wird an vielen anderen Stellen der Plural gebraucht,
manchmal auch da, wo der Dual stehen könnte. z. B. Hel. 1442 f. ἡμᾶς und ἡμῖν (von
Menelaus und Helena), Hel. 1659, 1664 ἡμᾶς und ἡμεῖς (von den Dioskuren), Or. 46
μήσθ᾿ ἡμᾶς (von Orestes und Elektra; es könnte heissen μήτε νώ), Or. 1065 ἡμῖν (von
denselben), Rhes. 578 und 611 ἡμῖν, 668 ἡμᾶς (von Odysseus und Diomedes), 672 χωροῦσ᾿
ἐφ᾿ ἡμᾶς κ. τ. λ. (von denselben: möglich wäre χωροῦσ᾿ ἐπὶ σφώ), Herc. fur. 328 ἡμῖν
(sogar mit folgendem ἀμφοῖν), Phoen. 423 ἡμῖν (mit folgendem δυοῖν), J. T. 472 τίς ἆρα
μήτηρ ἡ τεκοῦσ᾿ ἡμᾶς; ποτε; (von Orest und Pylades; es könnte heissen τεκοῦσα σφώ ποτε;),
J. T. 492 πότερος ἄρ᾿ ἡμῶν am Anfang des Trimeters (warum nicht πότερος ἄρα σφῷν?),
J. T. 579 ἡμῖν τ᾿ ὄιησιν ὦ ξένοι κ. τ. λ. (es könnte heissen καὶ σφῷν ὄιησιν; hier wie an
den beiden anderen Stellen ist die Rede von Orestes und Pylades).

Den grossen Einfluss des Metrums auf den Gebrauch des Duals zeigen recht
deutlich die Verse Med. 1020—1040, wo Medea ihre Kinder abwechselnd mit dem Dual
und Plural des Pronomens anredet: 1021 σφῷν. 1025 σφῷν, 1029 ἡμᾶς. 1033 ἡμῖν. 1036
σφῷν, 1038 ἡμεῖς.

2. Der Artikel.

Über die Dualformen des Artikels hat ausführlich gehandelt Bieber (p. 9—13).
Aus seiner Untersuchung geht hervor, dass die Form τώ dem Maskulinum, Femininum
und Neutrum bei den Attikern gemeinsam war, dagegen Genitiv und Dativ für das
Femininum eine besondere Form ταῖν hatten. Diese Ansicht hat nach meiner Meinung
auch Wecklein nicht widerlegt, der in den curae epigraphicae (pag. 14), auf die Inschriften
gestützt, die Form ταῖν für unattisch erklärt (mit Vernachlässigung einer allerdings
jüngeren Inschrift Corp. Inscr. Boekh. 393 ταῖν θεοῖν). Keck, der für die Redner die
nämliche Behauptung aufstellt, obschon ταῖν in den Handschriften nicht selten ist (Keck
pag. 27), führt für dieselbe merkwürdiger Weise auch Bieber an, der doch gerade das
Gegenteil beweist. Die Werke des Euripides bieten für die Entscheidung dieser Frage
keinen Anhalt, da das Femininum des Artikels nie im Genitiv oder Dativ des Duals
vorkommt. Äschylus hat den Dual des Artikels überhaupt nicht (wohl aber τώδε und
τοῖνδε). Bei Sophokles und Aristophanes dagegen finden sich in den Handschriften viele
Beispiele von ταῖν, welche die Herausgeber nicht ohne weiteres hätten ändern sollen.

Die Seltenheit des Artikels ist eine Eigentümlichkeit des poetischen Sprachgebrauchs,
welcher ihn meistens nach dem Versbedürfnis anwendet. cf. Phoen. 1219 τὼ παῖδε τὼ
σὼ μέλλετον τολμήματα und Med. 811 ἀλλὰ κτανεῖν σὼ παῖδε τολμήσεις γύναι.

Der nom. τώ (masc.) kommt 4 mal vor (1 mal = τούτω): Hec. 123 τὰ Θησείδα, Hel. 284 τὼ Διοσκόρω, Phoen. 1219 τὼ παῖδε, J. A. 1153 τὼ παῖδ', Phoen. 69 τὼ δ' εἰς φόβον πεσόντε.

Der acc. τώ (masc.) steht 2 mal: Herc. fur. 29 τὼ λεοντοπείλω, fragm. 848 τὼ φύσαντε (cf. p. 16).

Der gen. τοῖν (masc.) findet sich 7 mal: J. T. 310, 1178, 1188, 1333, 1369 τοῖν ξένοιν, Hec. 943 τοῖν Διοσκόροιν, El. 990 τοῖν ἀγαθοῖν κούροιν.

Der dat. τοῖν (masc.) kommt in den Handschriften 2 mal vor: Or. 121 (cf. oben pag. 11) und J. T. 898 (cf. pag. 7). Durch Konjektur ist er in den Text gekommen J. T. 1353 (cf. pag. 10).

Da also der Dual des Artikels sich nie neben einem Femininum findet, so ist nicht zu entscheiden, welche Form Euripides vorkommenden Falls gebraucht haben würde. Indessen lässt sich wohl aus dem Mangel solcher Sätze schliessen, dass er die Formen des Femininums absichtlich vermieden hat. Vgl. J. A. 1181 (Klytämnestra spricht) ἐφ' ᾗ σ' ἐγὼ καὶ παῖδες αἱ λελειμμέναι (Elektra und Chrysothemis, von denen Sophokles sagt τὼ μόνα λελειμμένα; Euripides hätte auch schreiben können παῖδε τὼ λελειμμένα).

3. Pronomina demonstrativa.

Von den hinzeigenden Fürwörtern und dem Pronomen αὐτός gilt dasselbe wie vom Artikel. Es kommt übrigens von ersteren nur ὅδε im Dual vor, zweimal im nom. (masc.): Hec. 896 τώδ' ἀδελφώ (Polydorus und Polyxena) und Phoen. 1698 τώδ' .... κεῖσθον (Eteokles und Polynikes), einmal im gen. (masc.): Phoen. 951 τοῖνδ' ἑλοῖν δυοῖν πότμον τὸν ἕτερον, zweimal im dat.: Jon. 986 in Verbindung mit ἀμφοῖν (neutr. auf δύλεα καὶ δραστήρια v. 985 bezogen) und Or. 121 (masc. cf. pag. 23 und 11). Von dem Dual von αὐτός giebt es nur zwei Beispiele: Or. 1555 οὐ γὰρ ἀνήρ' αὐτὼ καλῶ (acc. von Orestes und Pylades) und J. T. 317 τὴν παροῦσαν συμφοράν αὐτοῖν τέλας (von denselben). αὐτός wird übrigens oft durch σφέ und τώ ersetzt, cf. Hel. 140. J. T. 256. Auch hier ist der Sprachgebrauch des Euripides dem des Äschylus ähnlicher als dem Sophokleischen. Während bei dem ersteren nur wenige Fälle des Duals der genannten Pronomina zu verzeichnen sind (τούτω Pers. 188, τώδε Choeph. 207, τοῖνδε Ag. 1684, αὐτώ Pers. 191), ist derselbe bei Sophokles in weit häufigerem Gebrauch.

4. Pronomen relativum.

Der Dual von ὅς, ἥ, ὅ kommt bei Euripides sowenig wie bei Äschylus vor, wogegen die Beispiele bei Sophokles nicht gerade selten sind (cf. El. 977 ff., Oed. R. 1466, Oed. Col. 1671). Das auf einen Dual bezügliche Relativ steht bei Euripides stets im Plural. Man vergleiche unter anderem: Or. 121 τοῖν ἀθλίοιν ... οἷς, El. 990 τοῖν ἀγαθοῖν ... οἵ, Or. 466 Τυνδάρεως ... Λήδα ... τιμῶντε ... οἷς; Hel. 1495—1500, Hel. 1643, Alc. 276, Hec. 1051 (an den vier letzten Stellen bezieht sich das Relativ auf einen von einem Paar gebrauchten Plural). Ebenso existieren auch sehr viele Beispiele des von zweien gebrauchten Plurals der übrigen Pronomina: Or. 1408, Rhes. 778 und 797 *οἱ δέ*, J. T. 268 und 456 *οἵδε*, J. T. 1084 *τούσδε*, J. T. 252 *αἱτοῖς*, Med. 784 *αἱτοῖς*, Rhes. 776 *αὐτοῖς*.

5. Pronomen reciprocum.

ἀλλήλω kommt nicht vor. *ἀλλήλοιν*, das man seiner Bedeutung nach sehr oft erwarten sollte, findet sich in allen Handschriften zweimal: Phoen. 1269 und 1698 im gen. masc. Ausserdem hat Fix noch Phoen. 1423 auf die Autorität einer Handschrift hin, und Markland J. A. 510 an einer wahrscheinlich interpolierten Stelle durch Konjektur *ἀλλήλοιν* für die vulgata *ἀλλήλων* in den Text gesetzt. Der Plural wird im Genitiv und Dativ oft von zweien gebraucht (cf. J. T. 841 gen., Phoen. 1379 dat., Phoen. 1246 dat. etc.).

E. Formen und Gebrauch von *δύο* und *ἄμφω*.

Für den Nominativ und Accusativ des ersten Wortes existieren zwei Formen: *δύο* und *δύω* (cf. Etym. Magnum s. v. *δύο*, Choerob. II 422,21, Etym. Gudit. 153,26, Cram. Anecd. I, 108,20). Wecklein (cur. epigr. pag. 28) hat, auf das Zeugnis der Inschriften, von denen die aus den Olympiaden 95—106 *δύω* nicht kennen, gestützt, diese Form dem attischen Dialekt der besseren Zeit abgesprochen (vgl. auch Keck pag. 38 f.). Nun können aber die Inschriften allein für die Feststellung des Sprachgebrauchs der tragischen Dichter nicht massgebend sein; denn diese konnten die Form *δύω* des Metrums wegen ebensogut verwenden, wie sie vieles andere aus Homer und den lyrischen Dichtern entlehnten. Wir können unser Urteil hierüber vielmehr nur auf eine genaue Prüfung der handschriftlichen Lesarten unter steter Berücksichtigung des Metrums gründen. Stellt es sich heraus, dass an den meisten überlieferten Stellen das Metrum die Form *δύω* nicht erlaubt, so dürfen wir annehmen, dass sie auch an den anderen Stellen fälschlich in den Text gekommen ist.

δύω findet sich siebenmal in den Handschriften des Euripides: Phoen. 559, in dem einen cod. Flor. 32,2 (C. bei Kirchhoff), die übrigen haben *δύο*; Phoen 1659, in der besseren Handschrift Marc. 471 (A); Hec. 45, im Marc. 468 (F); Or. 1536, wo Kirchhoff bemerkt *δύο* A, *δύω* B F cum ceteris; J. A. 1247, in der Ald. und C nach Kirchhoff; El. 1033, in cod. C; Phoen. 582, in einigen jüngeren Handschriften. An 6 von diesen Stellen (J. A. 1247, Hec. 45, Or. 1536, Phoen. 582, 559, 1659) ist *δύω* metrisch unzulässig, wenn man nicht etwa die Vermutung Schneidewins zu Oed. R. 640, dass man *δϜοῖν* auszusprechen habe, gelten lassen und auf *δύω* anwenden will. Doch diese Annahme Schneidewins, die nur die falsche Lesart des Laur. *δρῆσαι δικαιοῖ δυοῖν ἀποκρίνας κακοῖν* schützen soll, wird durch nichts unterstützt. Dazu kommt, dass meistens die schlechteren Handschriften *δύω* haben. Es braucht kaum erwähnt zu werden, dass an vielen Stellen *δύο* gut überliefert ist, wo *δύω* stehen könnte. Folgendes sind die Stellen, wo die Handschriften *δύο* oder *δύ'* ohne Variante bieten: Alc. 246, 900, Androm. 516, 692, Bacch. 274, 365, 918, Hel. 138, 985, 1094, El. 845, 1063, Heracl. 838, Herc. fur. 798, Suppl. 143, Hipp. 386, Jph. Aul. 192, 887, J. T. 487, Jon. 466 (zweimal), 518, 539, 591,

Cycl. 397, Or. 551, 1401, Troad. 1263, Phoen. 55, 377, 423, fragm. 259, 362 v. 36, 585, 880, 890. Bei dieser Lage der Sache werden wir mit den meisten Kritikern und Herausgebern überall δύο zu schreiben haben.

Der Genitiv und Dativ von δύο heisst δυοῖν. Die Form δυοῖν, welche übereinstimmend von allen Gelehrten (Cobet nov. lect. p. 696, Wecklein curae epigr. p. 28 f., vgl. auch Keck p. 39 f.) den Attikern abgesprochen wird, findet sich bei Euripides einigemal in den Handschriften B und C (Kirchhoff), welche nicht zu den besten gehören: Hel. 647, 731 supr. scr. οιν, El. 95, 536 (C), Suppl. 1157 (B), supr. scr. οι; dazu kommt noch fragm. 884 in Gell. N. A. 6, 16, 7, Plut. Mor. p. 36, (dagegen Plut. Mor. 1044 B und Stob. Flor. 40,9 δυοῖν; Plutarch selbst schreibt δυεῖν mit dem Plural des Nomens, z. B. Pericl. c. 37 τοὺς ἐκ δυεῖν Ἀθηναίων γεγονότας). Es kann kein Zweifel sein, dass überall δυοῖν herzustellen ist. Der Vollständigkeit wegen sei erwähnt, dass Phoen. 1349 im Vat. 909 der letzten Silbe der beiden Wörter δυοῖν παίδων ein ω übergeschrieben ist.

Die Dativform δυσί, welche ebenso wie δυεῖν einer späteren Zeit angehört, begegnet uns in den Handschriften des Euripides nicht (einmal in einer Handschrift bei Äschylus). Auch der Vers, welcher unter die fragm. adesp. (Nauck 220) aufgenommen ist: οἴμοι τί δράσω δυσὶ κακοῖς μεριζόμαι kann von keinem der drei Tragiker herrühren.

Niemals steht bei Euripides, was auch in der Prosa sehr selten ist (cf. Bieber p. 28 f. und Keck p. 39), δύο für den Genitiv oder Dativ (dass Bieber p. 26 Androm. 516 δύο δ' ἐκ διασαῖν θηίσκει ἀνάγκαιν dafür anführt, beruht auf einem Versehen).

So haben wir also bei Euripides stets folgende Deklination von δύο: nom. δύο, gen. δυοῖν, dat. δυοῖν, acc. δύο.

Von diesen Formen wird δύο häufiger mit dem Dual als mit dem Plural des Nomens verbunden. Hierbei gilt aber für Euripides nicht die Regel, welche Wecklein in den Tragödien des Sophokles zu finden glaubt, dass nämlich zu δύο immer der Dual des Nomens trete, wenn von Personen die Rede sei (weshalb er auch Trach. 539 δύ' οὖσαι ändern will). Bei Euripides finden wir vielmehr δύο mit dem Dual und Plural des Nomens, gleichviel ob es sich um Personen oder Sachen handelt, verbunden.

1) δύο mit dem Dual von Personen:

a. nom. Hel. 986 νεκρώ δύ' (Menelaus und Helena), El. 1063 δύο συγγόνω (Helena und Klytämnestra), J. A. 1247 δύο φίλω (Iphigenie und Orestes), Jon. 518 δύ' ὄντ' (Jon und Xuthus). Or. 1401 δύο δελφίω (von Orestes und Pylades, voran geht λύοντες Ἕλλανες).

b. acc. Bacch. 365 γέροντε δύο (Kadmus und Tiresias), Hec. 45 δύο νεκρώ (Polydorus und Polyxena, die Kinder der Hekuba), Hel. 1094 δύ' οἰκτρώ φῶτε (Menelaus und Helena), El. 1033 νύμφα δύο (Klytämnestra und Kassandra), J. A. 192 δύ' Αἴαντε, Cycl. 397 φῶτε δύο (Gefährten des Odysseus, die Zahl zwei ist zufällig), Or. 1536 δύο νεκρώ (Helena und Hermione), Phoen. 1659 δύο φίλω (Antigone und Polynikes), fragm. 362,36 δύο θ' ὁμοσπόρω (wenn diese Konjektur richtig ist, cf. p. 7).

2) δύο mit dem Dual von Sachen:

a. nom. Hel. 138 δύο δ' ἐστὸν λόγω (cf. pag. 8), fragm. 259 δύο κακώ, Hipp. 386 δύ' ... ἔχοντε (auf αἰδώς bezogen).

4

b. acc. J. T. 487 δύο κακαί, Phoen. 582 δύο κακώ, Jon. 591 δύο νόσω, Phoen. 559 δύο λόγω. (δύο κύβω fragm. 880? cf. pag. 8 f.).

Daneben kommt δύο 13 mal mit dem Plural des Nomens vor:

1) auf Personen bezüglich:

a. nom. J. A. 887 δυ' οὖσαι (Klytämnestra und Jphigenie), Jon. 466 δύο θεαί δύο παρθένοι (Athene und Artemis), Phoen. 377 κασίγνηται δύο (Antigone und Jsmene).

b. acc. Alc. 246 δύο πεπραγότας (Alkestis und Admet), Phoen. 55 παίδας δύο (Eteokles und Polynikes), Alc. 900 δύο ψυχάς (Alkestis und Admet), Phoen. 423 δύο νεάνιδας (die Töchter des Adrastus).

2) auf Sachen bezüglich:

a. nom. Herc. fur. δύο συγγενεῖς εὐναί, Bacch. 274 δύο τὰ πρῶτα, Heracl. 838 δύο κελεύσματα (so Dindorf richtig für das handschriftliche τοῦ κελεύσματος).

b. acc. Bacch. 918 δύο ἡλίοις, Troad. 1265 μορφὰς δύο.

Ausserdem steht δύο an einigen Stellen ohne Nomen; mit dem Dual des Verbums: fragm. 890 v. 11, ohne Nomen und Verbum: El. 845, Suppl. 143, Or. 551, fragm. 885.

Dass die Form δυοῖν bei den Attikern immer mit dem Dual des Nomens verbunden werde, hat zuerst Elmsley (zu Medea 798) behauptet. Diese Ansicht wird durch den Gebrauch sämtlicher Schriftsteller der besseren Zeit bestätigt. Nach Keck (pag. 45 ff.) verbinden erst die späteren Redner δυοῖν mit dem Plural. Die Stellen, welche Bieber pag. 29 aus Thukydides für δυοῖν mit plur. anführt, passen gar nicht hierhin; man vergleiche Thuc. VI 104,1 ναυσὶ δυοῖν μὲν Λακωνικαῖν, δυοῖν δὲ Κορινθίαιν (es sind 4 Schiffe, daher ναυσί) oder V 84.1 ναυσὶν ἑαυτῶν μὲν τριάκοντα, Χίαις δὲ ἓξ, Λεσβίαις δὲ δυοῖν (Λεσβίαις ist Adjektiv zu ναυσίν) oder VIII 79,2 ναυσὶ δυοῖν καὶ ὀγδοήκοντα.

Die Beispiele bei Euripides sind folgende:

1) gen. Andr. 178 δυοῖν γυναικοῖν, 476 τεκτόροιν δυοῖν, Hec. 45 δυοῖν παίδοιν, Hel. 647 δυοῖν ὄντοιν, 731 δυοῖν κακοῖν, El. 536 δυοῖν ἀδελφοῖν, Suppl. 33 δυοῖν θεαῖν, 486 δυοῖν λόγοιν (cf. pag. 10), Hippol. 894 δυοῖν μοίραιν, Jon. 848 δυοῖν ἐχθροῖν, 1585 ἠπείροιν δυοῖν, Phoen. 951 δυοῖν πότμοιν, 1349 δυοῖν παίδοιν, fragm. 364,9 δυοῖν πραγμάτοιν, fragm. 656 δυοῖν λεγόντοιν.

2) dat. El. 649 δυοῖν ὄντοιν, Heracl. 39 und 653 δυοῖν γερόντοιν, J. T. 898 δυοῖν τοῖν ... Ἀτρείδαιν, Med. 1289 δυοῖν παίδοιν.

Ohne Nomen steht δυοῖν 12 mal: Alc. 712, Andr. 383, El. 95, Herc. fur. 995, Suppl. 1157, Hippol. 515, Jon. 580, Or. 551, Troad 817, Phoen. 584, Phoen. 1257, fragm. 889.

Für die persönlichen Fürwörter scheint die Regel Elmsleys nicht zu gelten. cf. Phoen. 423 κάδωκέ γ' ἡμῖν δύο δυοῖν νεάνιδας. Ein einziges Beispiel eines Substantivs widerspricht bei Euripides der genannten Regel: Hel. 571 οὐ μὴν γυναικοῖν γ' εἰς δυοῖν ἔφυν πόσις. Entweder haben wir hier γυναικοῖν zu schreiben, was das Wahrscheinlichste ist, oder wir können die beiden zuletzt angeführten Stellen durch die Annahme erklären, der Dichter habe bei dem Plural des Nomens noch nicht an das nachträglich hinzugefügte δυοῖν gedacht. (Infolge einer Verwechslung von νόσων und νοσοῖν führt Bieber pag. 31 auch Jon. 580 οὐδὲ θάτερον νοσῶν δυοῖν κεκλήσει δυσγενής als Beispiel von δυοῖν mit dem Plural des Nomens an.)

Die Wörter δισσός, δίδυμος, διπλόος, δίπτυχος, welche bisweilen in derselben Bedeutung wie δύο, und zwar bei Euripides viel häufiger als bei Sophokles und Äschylus vorkommen, richten sich stets nach dem Substantiv, dessen Attribut sie bilden, und stehen wie dieses bald im Dual, bald im Plural.

δισσώ 3 mal: Hec. 854, Phoen. 1362, Jon. 22.
διδύμω 1 mal: Or. 1401.
διπλώ 2 mal: Hel. 1664, Phoen. 1362.
δισσοῖν 3 mal: Suppl. 146 (dat.); Or. 1555 und Phoen. 1263 (gen.).
δισσαῖν 1 mal: Andr. 516 (gen.).
διπλοῖν 1 mal: Cycl. 461 (gen.).

Der Plural ist viel häufiger:

δισσοί Andr. 75, Hec. 510, Hel. 1643, Phoen. 1243. δισσαί Hippol. 384. δισσά (nom.) Alc. 760. δισσούς El. 825, Her. 917, J. T. 264, Jon. 1003, Cycl. 379. δισσάς Bacch. 919, Hel. 505, Hipp. 928, Hipp. 1161, J. T. 124, Jon. 1126, Phoen. 57. δισσά (acc.) Andr. 909, Hel. 8, Med. 273. δισσῶν (masc. fem. neutr.) Hec. 124, 1051, J. A. 474, Phoen. 1384, Hipp. 258, Andr. 1212, Med. 1395. δισσοῖς Or. 818, Phoen. 247. δίδυμοι J. T. 456, Phoen. 1297. διδύμας Med. 432. δίδυμα J. A. 548, Phoen. 1298. διδύμων Phoen. 825 (masc.), Andr. 1264, Jon 188 (neutr.). δίπτυχοι El. 1238, J. T. 242, 1289. διπτύχους Or. 633. διπτύχων Phoen. 1354, J. T. 474. διπλαῖσιν Cycl. 468.

ἄμφω, gen. und dat. ἀμφοῖν ist selbst eine den drei Geschlechtern gemeinsame Dualform. Der Nominativ bezw. Accusativ kommt 10 mal, der Genitiv bezw. Dativ 11 mal bei Euripides vor.

ἄμφω: El. 928, 1063, Hipp. 289, J. A. 846, 1280, Or. 1415, Phoen. 38, 429, 1424, 1454. ἀμφοῖν: El. 232, Her. 180, Herc. fur. 328, Suppl. 820, J. A. 641, J. T. 1369, Jon. 986, Phoen. 1403, 1459, fragm. 524 v. 3 und 556.

Ein Nomen steht in Verbindung mit ἄμφω oder ἀμφοῖν immer im Dual: El. 928 ἄμφω πονηρώ, El. 1063 ἄμφω ματαίω, J. T. 1369 ἀπ' ἀμφοῖν τοῖν νεανίαιν, Jon. 986 ἀμφοῖν τοῖνδ', Phoen. 1403 ἀμφοῖν ἀπεστερημένοιν, fragm. 524 v. 3 ἐσθλοῖν ἀπ' ἀμφοῖν.

Doch scheinen auch hier die persönlichen Fürwörter eine Ausnahme zu machen. Denn neben τὼν ἀμφοῖν El. 232 lesen wir, gerade wie das oben erwähnte ἡμῖν δυοῖν (pag. 26), Herc. fur. 318 ἡμῖν ἵν' ἀμφοῖν.

Mit dem Dual des Verbums ist ἄμφω als Subjekt einmal verbunden, Phoen. 38 (von den Participien abgesehen), mit dem Plural viermal El. 1063, Or. 1415, Phoen. 1424 und 1454.

II. Der Dual des Verbums.

Die erste Person des Aktivs und Passivs ist schon in den ältesten Zeiten der griechischen Sprache verloren gegangen. Was die an 3 Stellen (Jl. Φ 485, Soph. El. 950, Philoct. 1079) in den Handschriften begegnende Form auf μεθον betrifft, so hat zuerst

Elmsley zu Eur. J. T. 777 (im Mus. Crit. Cantabr. VI p. 294) dieselbe für ungriechisch erklärt. Hermann (zu Soph. El. 939) und Buttmann (Ausf. Gram. § 87 Anm. 2) haben zwar diese Behauptung als voreilig bezeichnet; wenn mann aber die grosse Anzahl von Stellen in Betracht zieht, wo die Form auf *μεϑον* dem Sinn und dem Metrum nach stehen könnte oder sogar besser stände (cf. Jl. Χ 70), so wird man Elmsley wohl beistimmen. Jedenfalls lehrt die Sprachvergleichung, dass diese Form gar keine Dualform sein kann. Ebensowenig kann ich aber einen Beweis für die Ansicht Biebers finden, dass sie die vor einem Vokal stehende Pluralform sei. Es ist vielmehr anzunehmen, dass die späteren griechischen Grammatiker dieselbe nach Analogie der zweiten Person auf *σϑον* gebildet haben. Mit Recht hat also Elmsley die Konjektur Marklands verworfen, der J. T. 777, durch das Particip *ὄντε* verleitet, schreiben wollte: *Πυλάδη τί λέξω; ποῦ ποτ᾽ ὄντ᾽ εὑρήμεϑον;* Ebensogut müsste man Hel. 1060 schreiben *σωϑησόμεσϑον κενοεαργοῦντ᾽ ἐμὸν δέμας* oder El. 103 *ἔξω τρίβον τοῖσδ᾽ ἴχνος ἀλλαξώμεϑον* (Orestes und Pylades). Man vergleiche auch noch Or. 1124 und J. T. 98. An der von Bieber (pag. 19) für die Möglichkeit der Form auf *μεϑον* angeführten Stelle J. A. 1247 *ναί, πρὸς γενείου σ᾽ ἀντόμεσϑα δύο φίλω* würde das Metrum dieselbe verbieten (cf. pag. 16 unten).

Über die zweite und dritte Person des Duals der Haupttempora herrscht kein Zweifel: sie gehen im Aktiv auf *τον*, im Passiv (Medium) auf *σϑον* aus. Bei Euripides kommen 23 Beispiele vor:

2. pers. act. 9 mal: Hel. 1684 *ἵστον*, J. A. 862 *ἐφέστατον*, 887 *πάσχετον*, J. T. 272 *ϑιάσσετον*, 497 *ἐστόν*, Or. 87 *ἥκετον*, Phoen. 1449 *παρηγορεῖτον*, Phoen. 584 *μέϑετον* (Imper.), Jon. 1570 *εἰσακούσατον* (Imper.).

3. pers. act. und coni. aor. pass. 11 mal: Hel. 138 und 285 *ἐστόν*, J. T. 1169 *δεδράκατον*, Phoen. 37 *ξυνήπετον*, 585 *μόλητον*, 1208 *δραστείετον*, 1219 *μέλλετον*, 1273 *καϑίστατον*, 1299 *αἱμάξετον*, Hec. 897 *πρηφϑῆτον*, fragm. 890,11 *συμμιχϑῆτον*.

2. pers. pass. (med.) 2 mal: El. 928 *ἀφαιρεῖσϑον*, Andr. 691 *παύσασϑον* (Imper.).

3. pers. med. 1 mal: Phoen. 1698 *κεῖσϑον*.

Hierzu kommt noch Andr. 70, wo Nauck für die handschr. Lesart *οἴμοι πίπτσσαι τον ἐμὸν ἔκϑετον γόνον* vermutet *πέπτυσϑον*. (Andromache fragt: haben Menelaus und Hermione erfahren etc.? cf. Nauck Eurip. Studien II p. 58).

Von der zweiten Person des Duals der historischen Tempora hat zuerst Elmsley (zu Arist. Ach. 733) behauptet, dass sie wie die die dritte auf *ην* ausgehe. Diese Ansicht stützt sich darauf, dass an einigen Stellen das Metrum die Form auf *ον* nicht zulässt, an vielen anderen die auf *ην* thatsächlich überliefert ist. Bei Euripides liegt die Sache so, dass an allen Stellen, wo *ον* in den Handschriften steht, *ην* metrisch statthaft ist: El. 1300 *ᾐρήσατον κήρας*, Med. 1083 *εὐδαιμονοῖτον* (am Anfang des Trimeters). Alc. 272 *ὁρῷτον* (am Ende des Verses). An einer Stelle ist *ην* überliefert: Alc. 661 *τοιάνδε καὶ σὺ χῇ τεκοῦσ᾽ ἠλλαξάτην.* Wenn man auch die Autorität der Handschriften in diesen Dingen gering anschlägt, so wird man doch *ἠλλαξάτην* für richtig halten müssen, da ein Abschreiber kaum die ihm geläufigere Form auf *ον* geändert hätte; ist doch umgekehrt das *ην* der dritten Person oft genug durch *ον* verdrängt worden (cf. Nauck Eurip. Stud. II pag. 57). Da nun auch die Inschriften für die Ansicht Elmsleys sprechen, so glaube ich, dass man an allen oben angeführten Stellen die Endung *ην* zu schreiben hat.

3. pers. der hist. Temp. 10 mal: Hec. 125 *συνεχωρείτην*, Hipp. 386 *ήστην*, J. A. 716 *εὐεγροίτην*, 1154 *ἐπεστρατευσάτην*, Rhes. 775 *ἐπηξάτην* und *ἀνεχωρείτην*, Phoen. 1246 *ἠλλαξάτην*, Phoen. 1300 *ἠλθέτην*, 1428 *ἐλιπέτην*, Hec. 127 *ἐφάτην*.

Unter den 38 angeführten Beispielen sind 10, wo auch der Plural stehen könnte: Hel. 138, 825, Phoen. 37, 685, Hec. 897, fragm. 890,11, Jon. 1570, Alc. 661, Hipp. 386, J. A. 716.

Dagegen wird sehr oft ohne Unterschied der Bedeutung sowohl des Verbums als des Zusammenhanges der Plural des Verbums auf zwei bezogen, wo der Dual stehen kann. Man vergleiche Hel. 716 und 1022, Med. 894, Hec. 124, Med. 957, 1002, 1370, 1371, 1363, Rhes. 619, J. T. 480, 1217, Alc. 645, 290, 371 etc. etc.

III. Bedeutung des Duals und Umfang seiner Anwendung bei Euripides.

Wenn oben (pag. 3) gesagt wurde, dass die Bedeutung des Duals bei den attischen Schriftstellern der bei Homer entspreche, so sahen wir dies durch die aus Euripides angeführten Beispiele bestätigt. Denn meistens bezieht sich der Dual auf zwei Personen, die entweder so eng mit einander verbunden sind, dass sie immer und überall den Begriff der Gepaartheit darstellen (Geschwister, namentlich Zwillingsbrüder, Freunde, die stets gemeinsam handelnd auftreten), oder die in den Stücken, in denen sie eine Rolle spielen, so sprechend und handelnd eingeführt werden, dass der Zuschauer jenen Begriff mit ihnen verbinden muss. Auf dieselbe Weise schliessen auch die leblosen Dinge, deren Benennung im Dual vorkommt, oder worauf der Dual bezogen wird, ein Drittes aus und bilden also ein Paar. Hiervon bildet nur ein Teil derjenigen Stellen eine Ausnahme, an denen der Dual eines Nomens in Verbindung mit *δύο, δυοῖν, δισσώ* steht. wovon schon die Rede war (cf. Jon. 23 *δισσώ δράκοντε*, s. o. pag. 14, und Cycl. 397 *φῶτε συμμάρψας δύο*, wo die Zahl der von Polyphem auf einmal getöteten Gefährten des Odysseus ebenfalls zufällig ist, wenn man nicht geltend machen will, dass der Kyklop nicht mehr als einen mit jeder Hand zugleich habe erfassen können). Es existieren jedoch auch einige Beispiele von zwei zufällig verbundenen Personen oder Dingen, deren Bezeichnung im Dual steht ohne Hinzufügung eines Zahlwortes. Am auffälligsten ist Rhes. 773 *λεύσσω δὲ φῶτε περιπολοῦνθ᾽ ἡμῶν στρατόν κ. τ. λ.* Es handelt sich allerdings um Odysseus und Diomedes, die noch kurz vorher auf der Bühne mit einander gesprochen haben und dem Zuschauer durch ihre gemeinsamen Thaten schon aus den Homerischen Gedichten als ein „Heldenpaar" bekannt sind. Allein der Wagenlenker des Rhesus, der die angeführten Worte spricht, ist erst in derselben Nacht, in welche der Dichter den Tod des Rhesus verlegt, vor Troja angekommen und kennt deshalb den Odysseus und Diomedes gar nicht; wenn er von zweien etwas zu berichten hat, so kann er glauben, er habe andere, mit den beiden gemeinsam handelnde Personen der Dunkelheit wegen nicht gesehen. Vielleicht hat der Dichter mit einer gewissen Nachlässigkeit hier den Dual mehr in seinem und der Zuschauer Sinne als in dem der gerade redenden Person geschrieben. Wenn Jon. 1427 die Konjektur Porsons (oder Badhams) Ἴων. ἔστιν τι πρὸς τῷδ᾽ ἢ μόνῳ τῷδ᾽ εὐτυχεῖς; Κρέουσα. δράκοντε μαρμαίροντε (Badh. σαρκάζοντε) παγχρύσῳ γένυ. (cf. pag. 17) die ursprüngliche Lesart herstellt, so kann man den Dual damit erklären, dass das Drachenpaar schon früher erwähnt und dem Zuschauer als solches bekannt ist.[*])

An einer anderen Stelle werden zwei zufällig zusammen auftretende Personen mit dem Dual angeredet: J. A. 802 fragt der Alte Achilleus und Klytämnestra: Ἢ μόνω παρόντε δῆτα ταῖσδ᾽ ἐφέστατον πύλαις;

Man könnte sich wundern, dass die Bezeichnungen der Gliederpaare so selten im Dual erscheinen; denn ausser χεροῖν, für dessen häufigeres Vorkommen ich die Gründe oben (pag. 18) auseinanderzusetzen versucht habe, ferner ποδοῖν, σκελοῖν und ὄσσε (χεῖρε? pag. 11 ff.) findet sich kein einziges Beispiel in sämmtlichen Stücken des Euripides, während der Singular und Plural von ἀγκάλη, βραχίων, ὠλένη, ὄμμα, ὀφθαλμός und ähnlichen Wörtern sehr häufig ist. So findet die von Bieber (pag. 34) für Homer aufgestellte Behauptung, dass die Gliederpaare häufiger im nom. und acc. des Duals, weil durch diese Kasus die Gepaartheit mehr hervorgehoben werde, als im gen. und dat. dieses Numerus vorkommen, bei Euripides keine Bestätigung. Denn wenn es auch richtig ist, dass χεροῖν und ποδοῖν meistens mehr des Metrums als des Sinnes wegen stehen, so ist es um so auffallender, dass χεῖρε, πόδε und ähnliche Duale, die so oft hätten stehen können, nirgendwo vorkommen. Es verdient noch bemerkt zu werden, dass ausser ἐμαῖν und σαῖν kein Adjektiv zu χεροῖν tritt.

Es erübrigt noch ein Wort über die Bedeutung der im Dual stehenden Verba zu sagen. Die Ansicht Blackerts und Biebers, dass der Dual namentlich solcher Verba gebraucht werde, welche selbst einen Begriff der Gepaartheit in sich enthalten, finde ich weder durch den Gebrauch der Schriftsteller im allgemeinen, noch insbesondere durch den des Euripides bestätigt. Sie suchen diesen Begriff bei den Verben, welche bedeuten: sich vereinigen, sich gegenseitig lieben, sich nähern, entgegen gehen in freundlichem oder feindlichem Sinne, kämpfen etc. Auf wie schwachen Füssen der Beweis für diese Annahme steht, sieht man aus der Erklärung Blackerts zu der Homerischen Stelle: ὄσσε δὲ οἱ πυρὶ λαμπετόωντε ἔϊκτην. Er sagt nämlich: „Similitudo est quasi formarum, virtutum congressio, sicuti haec (nämlich die in oben genannten Verben gelegene) corporum." Handelt es sich doch hier nicht um eine Ähnlichkeit der Augen unter sich, sondern um den Vergleich derselben mit einem Dritten. Welcher Begriff der Gepaartheit liegt aber in den aus Euripides angeführten Beispielen: ἠρκέσατον, ἐστόν, ᾖστην, μόλητον, ἠλλαξάτην, δρασείετον, καθίστατον, αἱμάξετον, ἠλθέτην, ἐλειπέτην, παρηγορεῖτον, θάσσετον, δεδράκατον etc.? Dass auch einige wenige Verba mit jener Bedeutung im Dual vorkommen (συνεχωρείτην, συμμιχθῆτον, ξυνάπτετον) ist gewiss nicht

---

[*]) cf. Theocr. XXIV., wo es von den beiden Schlangen, die Herakles erwürgt, zuerst heisst: v. 34 ἄψε δύω χείρεσσιν ἀπρὶξ ἀπαλαῖσιν ἔχοντα und später: v. 59 καλὰ δὲ τώδ᾽ ἀγρίαισιν ἐπὶ σχίζαισι δράκοντα.

auffallend. Der Gebrauch des Duals des Verbums hängt also keineswegs von der Bedeutung des letzteren, sondern vom Subjekt ab, zu dem es das Prädikat bildet, sei es, dass dasselbe durch Worte ausgedrückt oder zu ergänzen ist. Wenn dieses im Dual steht, oder seiner Bedeutung nach stehen kann, so kann auch das Verbum im Dual stehen, gleichviel was es bedeutet.

Die vorangehende Untersuchung hat gezeigt, dass Euripides (und gerade so verhält es sich mit Äschylus und Sophokles) den Dual lange nicht so oft angewendet hat, als es der Inhalt seiner Tragödien und der Sprachgebrauch seiner Zeit erlaubte. Nun bemerkt W. v. Humboldt in der angeführten Abhandlung (Werke VI p. 595): „Wenn das Bild einmal mit dem Dual eingeführt ist, wird auch der Plural nicht anders gefühlt." Dies ist gewiss richtig und auch wohl geeignet, an vielen Stellen den Wechsel des Numerus zu erklären. Man würde aber sehr irren, wenn man, von dieser Beobachtung ausgehend, in den meisten Fällen zuerst den Dual und im weiteren Verlauf der Darstellung den Plural erwartete. So wird Jph. T. 240—339 der Fang des Orestes und Pylades durch die Hirten erzählt. Sicher ist der Dual erst v. 310 (ἅτερος δὲ τοῖν ξένοιν; ξένοιν v. 281 ist Konjektur, cf. p. 10); der Plural dagegen steht 241 ἤκουσιν, 242 φυγόντες δίπτυχοι νεανίαι, 246 οἱ ξένοι, 247 Ἕλληνας, 248 τῶν ξένων, 252 αὐτοῖς, 258 ἤκουσ' οἶδ', 264 δισσοῖς νεανίας etc. etc. In der Unterredung des Thoas mit der Jphigenie J. T. 1151 ff. wird von demselben Freundespaare zuerst immer der Plural gebraucht (cf. 1154, 1168), erst 1169 δεδράκατον. Hel. 137 ff. erkundigt sich Helena bei Teukros nach dem Schicksal ihrer Verwandten. Dabei werden die Dioskuren zuerst als οἱ Τυνδάρειοι κόροι bezeichnet, 138 heisst es von ihnen τεθνᾶσι κοὐ τεθνᾶσι, und erst 140 steht ὁμοιωθέντε φάσ' εἶναι θεώ. Phoen. 1356 ff. gebraucht der Bote in seiner Erzählung von dem Zweikampf der feindlichen Brüder zuerst 1359 und 1360 den Plural und erst 1361 das Particip ἐλθόντε neben vorhergehendem ἔστησαν. Das nächste Beispiel des Duals, wenn wir von dem interpolierten v. 1362 (cf. pag. 5) absehen, folgt erst 1403 ἀμφοῖν ἀπεστερημένοιν, dann 1404 ἁρπάσαντε, 1405 συμβαλόντε (neben ἦμεν); der Plural dagegen steht 1371, 1379, 1381 etc. In dem Gespräche des Jason mit der Medea (Med. 446—626) werden die Kinder der letzteren, deren Zweizahl wir allerdings schon aus v. 273 (δισσὰ τέκνα in einem Dialog zwischen Medea und Kreon) kennen, nie mit dem Dual, dagegen sehr oft mit dem Plural und zwar stets ohne Hinzufügung eines Numerales bezeichnet (cf. 461, 490, 513, 515, 550, 558, 563, 610, 620). Ebenso gebraucht Medea in dem Monolog 764—810, in dem sie den Plan entwickelt, ihre Kinder mit dem todbringenden Geschenke zu der verhassten Nebenbuhlerin zu schicken, stets den Plural, ohne dass die Zahl der Kinder je erwähnt würde, und erst 816 fragt der Chor: ἀλλὰ κτανεῖν σὸ παῖδε τολμήσεις γύναι; wo es auf die Zahl ebensowenig ankommt wie etwa 780 παῖδας δὲ μεῖναι τοὺς ἐμοὺς αἰτήσομαι oder 784 etc., und wo offenbar nur das Metrum den Dual veranlasst hat. Und in der Scene v. 866 —975, in welcher ebenfalls dieser Kinder mehrfach Erwähnung geschieht (v. 886, 939, 943), und dieselben von Medea und Jason angeredet werden (894 ff., 914 ff., 956 ff.), steht überall der Plural, wofür erst ganz am Ende 969 der Dual εἰσελθόντε, durch das

Metrum gefordert, eintritt. Die Rücksicht auf den zu Gebote stehenden Raum verbietet mir, die Zahl dieser Beispiele noch zu vermehren.

IV. Syntax des Duals.

Was die Kongruenz der Satzteile angeht, so zeigen auch die im Verlauf dieser Arbeit aus Euripides angeführten Stellen die bekannte Freiheit der griechischen Sprache, dass nicht nur der Dual des Subjekts mit dem Plural des Prädikats und der Dual des letzteren mit dem Plural des ersteren verbunden wird, sondern auch beide Numeri sowohl in diesem als in jenem Satzteil vereinigt erscheinen. Dieser Wechsel des Numerus hat mit der Bedeutung des Duals nichts zu thun; er geht vielmehr aus dem Bestreben des Schriftstellers hervor, Abwechselung in die Darstellung zu bringen, wozu bei den Dichtern als wichtigstes Moment noch das Metrum kommt. Falsch ist die Ansicht Krügers (Griech. Sprachl. § 63.3): „Bei einem Dual als Subjekt, wie bei zwei verbundenen Singularen, steht das Verbum eigentlich im Dual, wenn die Aussage von jedem besonders, im Plural, wenn sie von beiden zusammengefasst zu denken ist." und (§ 58.3 Anm. 1) „Ein adjektivischer Begriff auf zwei (verschiedene) persönliche Singulare als Prädikat bezogen, steht im Singular, wenn jedes gleichmässig, im Dual, wenn beide, jedes für sich, im Plural, wenn sie verbunden zu denken sind."*) Auch Keck (p. 61) vertritt diese Ansicht, jedoch ohne ihren Urheber zu nennen. Einige der Stellen, welche sowohl von Krüger als von Keck zum Beweis für ihre Ansicht angeführt werden, können ebensogut zu deren Widerlegung dienen. So beruft sich Krüger unter anderem auf Arist. av. 641 ff. Hier sagt der Wiedehopf zu Peisthetärus und Euelpides: Εἴσιθεϛ' εἰς νεοττιάν γε τὴν ἐμήν | καὶ τοὔνομ' φράσατον (Das Eintreten soll also von beiden zusammengefasst, das Nennen des Namens von jedem besonders zu denken sein). Wenn Krüger noch einige Verse weiter citiert hätte, so würde die Unhaltbarkeit seiner Erklärung sofort jedem klar werden; denn v. 646 wird die Einladung zum Eintreten wiederholt mit den Worten: δεῦρο τοίνυν εἴσιτον. Dabei ist zu bemerken, dass der Plural εἴσιθες' vom Metrum gefordert wird, während sowohl χαίρετον 645 als εἴσιτον 646 den Schluss eines Trimeters bilden. Keck führt 2 Stellen aus Lysias an: 13,71 und fragm. 3. An der ersten heisst es (mit Weglassung des Unwesentlichen): Φρύνιχον Θρασύβουλος καὶ Ἀπολλόδωρος ἐπεβούλευσαν. ἐπειδὴ δὲ ἐπετύχετην, ὁ μὲν ἔπεσε, ὁ δὲ οὐχ ἥψατο. ἅμα τούτῳ κραυγὴ γίνεται καὶ ᾤχοντο φεύγοντες. Ich bekenne, dass ich nicht verstehe, in wiefern das Begegnen von jedem besonders, das Fortlaufen von beiden zusammengefasst zu denken sein soll. In dem fragm. 3 wird von Axiochus und Alkibiades erzählt πλεύσαντες ... ἔγημαν δύο ὄντε Μεδοντίδα καὶ ξυνῳκείετην. ἔπειτα αὐτοῖν γίνεται θυγάτηρ ... ἐπεὶ δὲ ἦν ἀνδρὸς ὡραία, ἐντεκοιμῶντο καὶ ταύτῃ. Angenommen, dass ξυνῳκείετην mehr als

---

*) Diese Behauptung Krügers ist die Konsequenz seiner Ansicht über die Bedeutung des Duals (§ 44, 2 Anm. 1): „dass der Dual Gepaartheit bedeute, ist eine unhaltbare Annahme. Im Gegenteil findet man ihn vorzugsweise gebraucht, wo von den zwei Einheiten jede für sich zu denken ist." Krüger spricht nicht bloss vom Verbum finitum, was man bei den oben anzuführenden Stellen im Auge halten wolle.

ἔγημαν eine von jedem besonders zu denkende Handlung bezeichne, so wird man doch gewiss in dieser Beziehung keinen Unterschied zwischen ξυνακοιμᾶντο und ξυνψκείτην entdecken können. Auch der Gebrauch der übrigen Schriftsteller von Homer an spricht gegen die Krügersche Regel. Man vergleiche: Jl. H 229 μηκέτι, παῖδε φίλω, πολεμίζετε μηδὲ μάχεσθον. Ψ 407 ἵππους δ' Ἀτρεΐδαο κιχάνετε μηδὲ λίπησθον. Aesch. Agam. 650 ξυνώμοσαν γὰρ ὄντες ἔχθιστοι τὸ πρὶν | πῦρ καὶ θάλασσα καὶ τὰ πίστ' ἐδειξάτην | φθείροντε τὸν δύστηνον Ἀργείων στρατόν.

Aus Euripides liessen sich sehr viele Stellen gegen die erwähnte Regel anführen, an denen das Prädikat nur durch ein Verbum oder durch mehrere Verben im selben Numerus gebildet wird; ich beschränke mich auf solche, wo Plural und Dual neben einander stehen.

Hel. 1684—1687 werden die Dioskuren, deren Denken, Sprechen und Handeln nach der ganzen Art ihres Auftretens bei Euripides stets zusammengefasst zu denken ist, angeredet: ἴστον δ' ἀρίστης σωφρονεστάτης θ' ἅμα | γεγῶτ' ἀδελφῆς ὁμογενοῖς ἀφ' αἵματος. | καὶ χαίρετ'.

Jph. T. 1169 sagt Jphigenie zu Thoas: δεινὰ γὰρ δεδράκατον (Orestes und Pylades). Thoas antwortet: ἀλλ' ἦ τιν' ἔκανον βαρβάρων ἀκτῆς ἔπι;

Med. 1069 δότ', ὦ τέκνα, | δότ' ἀσπάσασθαι μητρὶ δεξιὰν χέρα, 1073 εὐδαιμονοῖτον, ἀλλ' ἐκεῖ.

Alc. 272 χαίροντες ὦ τέκνα, τόδε φάος ὁρῷτον.

Phoen: 1246 heisst es von Eteokles und Polynikes ἔσταν δὲ λαμπρὼ (einander gegenüber, zum Kampfe bereit) χρῶμά τ' οὐκ ἠλλαξάτην (das heisst doch wohl: sie standen furchtlos da).

Hec. 123 f. τὼ Θησείδα δισσὼν μύθων ῥήτορες ἦσαν, γνώμη δὲ μιᾷ συνεχωρείτην.

Suppl. 142 ff. (in einem stichomythischen Dialog zwischen Adrast und Theseus) 142 Ἀδρ. ἐλθόντε φυγάδε νυκτὸς εἰς ἐμὰς πύλας, 147 Θησ. ἦλθον δὲ δὴ πῶς πατρίδος ἐκλιπόνθ' ὅρους; Welcher Unterschied ist hier zwischen ἐλθόντε, ἦλθον und ἐκλιπόντε?

Sehen wir nun zu, wie es sich im Einzelnen mit der Übereinstimmung der Satzteile bei Euripides verhält.

Das attributive Adjektiv steht immer in demselben Numerus wie das Wort, zu dem es gehört. Dasselbe gilt von dem als Attribut gebrauchten Particip. (cf. τὼ λεγομένω Διοσκόρω).

Die Apposition steht bisweilen im Dual neben einem Plural: Hel. 1497 ff. παῖδες Τυνδαρίδαι . . οἳ ναίετ' οὐράνιοι, σωτῆρε τάσδ' Ἑλένας, Hel. 1664 σωτῆρε δ' ἡμεῖς σὼ κασιγνήτω διπλῶ (cf. oben ἡμῖν δυοῖν und ἀμφοῖν). In Vergleichen, die sich auf zwei Personen beziehen, steht fast stets der Plural: Or. 1640 ὡς κάπροι δ' ὀρέστεροι σταθέντες (Orestes und Pylades), Phoen. 1380 κάπροι δ' ὅπως θήγοντες und 1573 ὥστε λέοντας ἐναύλους (Eteokles und Polynikes), Suppl. 145 θηρσὶν ὥς (Diomedes und Polynikes). (Dagegen bei Homer ὡς ὅτε κάπρω etc. cf. Ohler a. a. O. p. 22).

Übereinstimmung von Subjekt und Prädikat. a. Subjekt und Prädikat stehen im Dual. Hierhin rechne ich auch diejenigen Stellen, an welchen zwei Personen, die angeredet oder erwähnt werden, mit. ausgesprochenen oder zu ergänzenden Namen das Subjekt bilden. Ich kann nämlich Kecks Ansicht (p. 62), dass zwei im Singular durch καὶ verbundenen Nomina der eigentliche Dualbegriff fehlt, nicht beistimmen und finde auch seine Behauptung nicht bestätigt, dass zu denselben das Prädikat etc. gewöhnlich im Plural trete. Die Stellen bei Euripides sind: Androm. 691 (Subjekt sind die angeredeten Peleus und Menelaus; im Nebensatz μὴ σφαλῇϑι), Hec. 123 ff., 856, Hel. 138, 284, Hel. 1680—1685, El. 928, 1298 (Subjekt sind die angeredeten Dioskuren), Hipp. 385, J. A. 716, 862, 887 (an den drei letzten Stellen sind zwei angeredete Personen Subjekt), 1153 f., J. T. 272, 497, 1169 (Subjekt Orestes und Pylades, aus τῶν ξένων im vorhergehenden Vers zu ergänzen), Jon. 1570 (Subjekt Jon und Kreusa, welche von Athene angeredet werden), Med. 1073, Or. 50 (ϑήξαντε ist Prädikat), Or. 66 (Subjekt σὺ καὶ ὁ σὸς πόσις), Rhes. 775 (das Subjekt φῶτε περιπολοῦντε steht zwei Verse vorher), Phoen. 37, 584 (Eteokles und Polynikes werden angeredet), 1207, 1219, 1428, 1447 (Subjekt τεκοῦσα καὶ σύγγονος), 1698.

b. Das Subjekt steht im Dual, das Prädikat im Plural (auch hier wie oben Gesagte): Alc. 469, 734 ἔρρων .. αὐτὸς χἡ ξυνοικήσασά σοι ἄπαιδε ... ὥσπερ ἄξιοι γηράσκετ᾽. Androm. 516, 692, Hec. 123, El. 1063 (hier steht die Copula im Plural, das Prädikatsnomen im Dual), Hel. 1686, Her. 854 (δισσὼ ... ἀστέρ᾽ ... ἐκρύψαν), Or. 1415 (ἄμφω .. ἔβαλον), Or. 1492 (Subjekt Orestes und Pylades), Rhes. 595 ff. (Subjekt Odysseus und Diomedes, die 597 mit σφῶν angeredet werden), Rhes. 619 und 783, Phoen. 69, 1361, 1404, 1423, 1454 (Subjekt in den Stellen aus den Phönizierinnen Eteokles und Polynikes, 1423 und 1454 durch ἄμφω bezeichnet).

c. An einigen wenigen Stellen steht bei einem durch die Namen zweier Personen ausgedrückten und mit einem Particip in Dual verbundenen Subjekte das Verbum im Singular: Suppl. 142 ff. ἐλϑόντε φειγάδε νυκτὸς εἰς ἐμάς· πύλας ..... Τυδεὺς μάχην ἐνῆψε Πολυνείκης ϑ᾽ ἅμα. Or. 481 f. καὶ γάρ μ᾽ ἔϑρεψε (Τυνδάρεως· v. 439) Λήδα ϑ᾽ ἅμα τιμῶντε κ. τ. λ.

d. Selten steht das Subjekt im Plural, das Prädikat im Dual: Phoen. 1297 δίδυμοι ϑῆρες, φόναιε ψυχαί ... αἱμάξετον (im Chorgesang). Alc. 272 χαίροντες, ὦ τέκνα, τόδε φάος ὁρῷετον.

In der Konstruktion des gen. absol. findet bei Euripides stets vollständige Übereinstimmung des Numerus statt. Die Beispiele des Duals sind folgende: Phoen. 1403 ἀμφοῖν ἀπεστερημέναιν; Jon. 848 δυοῖν γὰρ ἐχϑροῖν ἐλϑόντοιν; Hel. 647 δυοῖν γὰρ ὄντοιν; fragm. 364 δυοῖν παρόντοιν πραγμάτοιν.

Etwas eingehender sind zu behandeln die auf zwei bezüglichen Participien, welche einen Attribut- oder Adverbialsatz vertreten. Da drei Satzteile vorhanden sind, welche alle entweder im Dual oder im Plural stehen können, so sind 8 Verbindungen möglich; zu diesen kommen dann noch die Fälle, in denen ein prädikativ gesetztes Particip sich auf das Subjekt eines accus. c. inf. oder sonst auf einen casus obliquus bezieht. (Einige Stellen wurden schon oben angeführt).

a. Subjekt (dafür gilt wieder das oben Gesagte), Particip und Verbum finitum stehen im Dual: Hel. 1680 ff., El. 928, 1298 ff., Hipp. 386, J. A. 862, 1153, Phoen. 1428.

b. Öfter verbindet sich der Dual des Particips mit dem Plural des Verbums, während das Subjekt im Dual steht oder nicht mit Worten ausgedrückt ist. Hier führe ich der Vollständigkeit wegen auch die Beispiele der 1. pers. plur. an: Alc. 470 σχετλίω ... ἔκλαν ... ἔχοντε. Hel. 291 ἀνεγνώσθημεν .. ἐλθόντε. 825 ἀναπείσαιμεν ἱκετεύοντε. 828 πείσαντε .. διορίσαιμεν. 1094 ff. αἰτοίμεθ' ... ῥίπτονθ' (das Subjekt ist aus dem acc. δι' οἰκτρῶ φῶτε v. 1094 zu ergänzen). El. 1242, 1349 f. Her. 854 ἀστέρε .. σταθέντ' .. ἱερψαν. Suppl. 147 (pag. 33). J. T. 106, 119. Jon. 518. Or. 1061, 1492. Rhes. 591. Phoen. 69 ff. τὼ δ' εἰς φόβον πεσόντε μὴ τελεσφόρους | εὐχὰς θεοὶ κραίνωσιν οἰκούντων ὁμοῦ | ξυμβάντ' ἔταξαν. 1404 ff. ἔνθεν δὲ κόπας ἁρπάσαντε φασγάνων | ἐς ταὐτὸν ἧκον, συμβαλόντε δ' ἀσπίδας | πολὺν ταρογμὸν ἀμφιβάντ' εἶχον μάχης (Subjekt Eteokles und Polynikes).

c. Der Dual des Particips wird mit dem Plural des Subjekts und dem Dual des Verbums verbunden: Phoen. 1246 ff. δισσοὶ νεανίαι ἔσταν ... ἠλλαξάτην μαργῶντ' (cf. p. 33).

d. Der Dual des Particips tritt zu dem Plural des Subjekts und Prädikats: Hel. 1664 ἡμεῖς .. παριππεύοντε πέμψομεν (die Appositionen σωτῆρε und κασιγνήτω stehen allerdings im Dual). Med. 969 τέκνα εἰσελθόντε .. ἱκετεύετ' ... διδόντες. Rhes. 784 θείνοντε ... ἤλαυνον (das Subjekt ist aus λύκοις ἐπεμβεβῶτας v. 783 zu entnehmen). Phoen. 1360 οἱ .. νεανίαι .. ἔστησαν ἐλθόντ'.

e. Subjekt, Particip und Verbum finitum, auf zwei bezogen, stehen im Plural: Andr. 74, 753, El. 993, J. T. 242, 399 ff. (und häufiger in diesem Chorgesang), 476, 1289, 1340, Med. 901, 957, 972, 1021, 1039, Or. 1222, 1409, Rhes. 798, Phoen. 873.

f. Dual des Subjekts (cf. zu a) mit Plural des Particips und des Verbums: Andr. 67, 755, Hel. 1042, 1047, El. 846, 1353 (Subjekt νώ 1347), Herc. fur. 87, Or. 1350, Rhes. 481 und an vielen anderen Stellen (nur El. 846 und 1353 ist das Subjekt durch Worte ausgedrückt).

g. Nur einmal steht Subjekt und Particip im Plural, das Verbum finitum im Dual: Alc. 272 (cf. pag. 33).

h. Ebenso oft tritt das Particip im Plural zu Subjekt und Verbum finitum im Dual: Phoen. 1219 f. τὼ παῖδε τὼ σὼ μέλλετον ... λέξαντες.

Nun bleiben noch die Stellen, an denen das Particip als prädikative Bestimmung zu einem Objekt hinzutritt, und einige, an denen es zum Subjekt eines acc. c. inf. gehört.

a. Der Dual des Particips mit dem Dual des Nomens: Hel. 981 λιμῷ δὲ θηρῷ τέμψον ἱκετεύοντε νώ. Or. 880 ὁμῶ Πυλάδην τε καὶ σὸν σύγγονον στείχονθ' ὁμοῦ. Rhes. 773 λεύσσω δὲ φῶτε περιπολοῦντε. Phoen. 1268 ἄνδρ' ἀρίστω εἰς θάνατον ἐπειόντε κωλῦσαί σε δεῖ.

b. Der Plural des Particips bei dem Dual des Objekts: Alc. 246 σέ κἀμέ, δύο κακῶς πεπραγότας.

c. Der Dual des Particips bei dem Plural des Objekts: Alc. 900 ff. (cf. pag. 6 ψυχὰς ... διαβάντε).

d. Der Plural des Particips mit dem Plural des Objekts (von zweien): Hec. 1046, J. T. 1222, Med. 920, 950, 1311, Or. 48, 87, 1329.

Als Beispiele des acc. c. inf. seien folgende erwähnt:

a. Der Dual des Subjekts verbunden mit dem Dual des Particips: J. T. 112, Rhes. 590 (Subjekt zu ergänzendes *τώ*), Or. 507 *χρὴ θανεῖν τὼ θήξαντε*.

b, Der Plural des Subjekts mit dem Dual des Particips: Hel. 140 *ἄστροις σφ' ὁμοιωθέντε γάσ' εἶναι θεώ*.

c. Der Plural des Subjekts (von zweien) mit dem Plural des Particips: Her. 35 f., J. T. 275 ff.

d. Plural des Particips neben einem durch die Anführung zweier Personen gebildeten Subjekt: El. 805 ff. *με . . . καὶ τὴν . . . δάμαρτα . . πρίσσοντας*.

In dem letzten Teile der Arbeit habe ich nicht alle Beispiele angeführt, da es mir genug schien, von allen möglichen Fällen das eine oder andere beizubringen, um dadurch die Freiheit des Schriftstellers im Gebrauche der Numeri deutlich hervortreten zu lassen. Dabei muss stets darauf hingewiesen werden, dass diese Freiheit bei den Dichtern ihre Schranke in dem Metrum findet, welches sehr oft den einzigen Grund für den Gebrauch der beiden Numeri und namentlich für ihren Wechsel in demselben Satzgliede bildet (cf. Med. 966—975, Hel. 1680—1687, Hel. 1495—1507, Hec. 123—128, Phoen. 1242—1247. fragm. 890).

Zum Schluss bemerke ich noch, dass der Gebrauch des Duals für die Bestimmung der Abfassungszeit der einzelnen Stücke ohne jegliche Bedeutung ist. Denn während man doch bei den späteren Stücken eine geringere Häufigkeit des Duals erwarten müsste, begegnet uns derselbe z. B. in der Helena, die Ol. 91,4, ferner in der Jphigenie in Aulis und selbst in den Bakchen, welche beiden Stücke kurz nach dem Tode des Dichters Ol. 93 zuerst aufgeführt wurden, weit häufiger als z. B. im Hippolyt, mit welchem Euripides Ol. 87,4 den ersten Preis davon trug.

Berichtigung.

pag. 4, Z. 2 v. u. lies *ταῖν* statt *ταών*.

„ 8, „ 19 v. u. „ *θνήσκει* statt *θνήσκειν*.

„ 10, „ 6 v. o. vor *τοῖσδε* schiebe ein El. 679.

Schulnachrichten.

I. Die allgemeine Lehrverfassung.

A. Übersicht über die einzelnen Lehrgegenstände und die für jeden derselben bestimmte Stundenzahl.

	VI.	V.	IV.	U. III.	O. III.	U. II.	O. II.	U. I.	O. I.	Summa
Christliche Religionslehre:										
a) katholische.	3	2	2	2		2		2		13
b) evangelische.	2			2			2			6
Deutsch.	3	2	2	2		2		3		14
Latein.	9	9	9	9		8		8		52
Griechisch.	—	—	—	7	7	7		6		27
Französisch.	—	4	5	2	2	2		2		17
Hebräisch.	—	—	—	—		—	2	2		4
Geschichte und Geographie.	1 & 2	1 & 2	2 & 2	2 & 1		3		3		19
Rechnen und Mathematik.	4	4	4	3	3	4		4		26
Naturbeschreibung.	2	2	2	2	2	—		—		10
Physik.	—	—	—	—		2		2		4
Gesang.	2		—	—		—		—		2
Schreiben.	2	2	—	—		—		—		4
Zeichnen.	2	2	—			—		—		4

Bemerkung.

Über Turnen, Chorgesang, Zeichnen und Schwimmen siehe Mitteilungen über den technischen Unterricht.

B. Übersicht der Verteilung der Stunden unter die einzelnen Lehrer.

I. Wintersemester.

Nr.	Namen der Lehrer.	Ordinariat.	I.	II.	O.III.	U.III.	IV.	V.	VI.	Stdzhl.
1	Dr. Buschmann, Direktor.	I.	2 Deutsch. / 2 Horaz / 2 Griechisch / 2 Gesch. Geogr.		2 Deutsch.					10
2	Prof. Samstaed, Oberlehrer.		4 Math. / 2 Phys.	4 Math. / 2 Phys.	3 Math.	3 Math.				18
3	Dr. Schmelz, Oberlehrer.	II.	6 Latein.	2 Deutsch. / 8 Latein. / 3 Gesch. Gegr.						19
4	Dr. Dröer, Oberlehrer.		2 Rel. / 2 Hebr.	2 Rel. / 2 Hebr.	2 Rel.	2 Rel.	2 Rel.	2 Rel.	3 Rel.	17
5	Dr. Schaefer, Oberlehrer.	III.		5 Griech. / 2 Hom.(O. II.)	9 Griech.	2 Latein.	4 Franz.			22
6	Dr. von Gudern, Gymnasiallehrer.	VI.		2 Hom.(U. II.)	7 Griech.	7 Griech.	2 Deutsch. / 9 Latein. / 2 Griech.		3 Deutsch. / 9 Latein. / 1 Griech.	22
7	Dr. Reinz, Gymnasiallehrer.	IV.		2 Franz.	7 Griech. / 3 Gesch. Geogr.	2 Naturg.	4 Math. u. Rechnen. / 2 Naturg.	5 Franz. / 1 (forts.)		24
8	Müller, Gymnasiallehrer.	V.	2 Franz.	2 Franz.	2 Franz.	2 Naturg.		2 Deutsch. / 1 (forts.)		23
9	Grimm, komm. Lehrer.							2 Geogr. / 2 Naturg.	3 Geogr. / 2 Naturg.	14
10	Menther, Elementar- u. techn. Lehrer.			2 Gesang. / 2 fakult. Zeichnen.				4 Geogr. / 2 Zeichnen.	4 Rechnen / 2 Geogr. / 2 Schreiben / 2 Zeichnen / 2 Gesang.	24
11	Nonnes, Superintendent, ev. Religionslehrer.			2 Rel.					2 Rel.	6
12	Kampe, Probekandidat.			(3 Hom.) / U.II.	(2 Hom.)	(2 Orid.)		(2Deutsch)		(6)

II. Sommersemester.

Nro.	Namen der Lehrer	Ordinariat	I.	II.	O. III.	U. III.	IV.	V.	VI.	Stdzahl.
1	Dr. Eberhard, Direktor.	I.	3 Deutsch 2 Horaz 4 Griechisch	2 Homer (U. II) 3 Gesch.						14
2	Prof. Sauerland, Oberlehrer.			4 Math. 2 Phys.	3 Math.					18
3	Dr. Schenck, Oberlehrer.	II.	6 Latein 3 Gesch.	2 Deutsch 8 Latein						19
4	Dr. Dreher, Oberlehrer.		2 Rel. 2 Hebr.	2 Rel. 2 Hebr.	2 Rel.		2 Relig.	2 Relig.	3 Relig.	17
5	Dr. Schäfers, Oberlehrer.	III.		2 Homer (O. II) 5 Griech.	9 Latein 2 Franz.	2 Franz.		4 Franz.		23
6	Dr. von Gisbern, Gymnasiallehrer.	VI.	2 Homer		2 Deutsch 7 Griech.	2 Deutsch 7 Griech.	2 Deutsch 9 Latein 2 Gesch.	2 Deutsch 9 Latein 1 Gesch.	3 Deutsch 9 Latein 1 Gesch.	24
7	Dr. Neitz, Gymnasiallehrer.	IV.			3 Gesch. Geogr. 7 Griech.	7 Griech.				23
8	Müller, Gymnasiallehrer.	V.	2 Franz.	2 Franz.	2 Franz.		5 Franz.			23
9	Grimm, kommissar. Lehrer.				2 Natg.	2 Natg.	4 Math. 2 Natg.	2 Natg.	4 Rechnen 2 Natg.	18
10	Mentzer, Elementar- und techn. Lehrer.			2 Gesang 2 fakult. Zeichnen			1 Geogr. 2 Zeichnen	4 Rechnen 2 Geogr. 2 Schreiben 2 Zeichnen 1 Gesang	3 Geogr. 2 Rechnen 2 Schreiben 1 Gesang	24 & 2 Turnen
11	Hermes, Superintendent, evang. Religionslehrer.			2 Relig.	2 Relig.			2 Relig.		6
12	Knapp,*) Probekandidat.		(2 Homer) U. II.	(2 Homer) U. II	(2 Ovid) (2 Deutsch)					(6)

*) Seit 25. Mai 1846.

C. Übersicht
über die während des Schuljahres 1885—86 durchgenommenen Lehraufgaben.
P r i m a.
Ordinarius: der Direktor.

Religionslehre: a) katholische. Die katholische Sittenlehre. Dreher, Lehrbuch der kathol. Religion III. Teil. Repetitionen aus der Kirchengeschichte. — 2 St.
Religionslehrer Dr. Dreher.
b) evangelische. Vacat.

Deutsch. Übersicht über die Entwicklung der deutschen Nationallitteratur der Neuzeit. Gelesen und erklärt wurden Lessings Laokoon und Goethes Iphigenie ausführlich. Übung im freien Vortrage. Dispositionsübungen. Aufsätze. Elemente der Psychologie.
Der Direktor.

Themata zu den Aufsätzen.
1. Es müssen starke Beine sein, die gute Tage tragen.
2. Charakteristik des Achilles und des Agamemnon nach Jl. I (22—347).
3. Warum hätte wohl Vergil in der Darstellung des leidenden Laokoon den bildenden Künstlern folgen können, warum aber nicht die bildenden Künstler dem Vergil?
4. Beurteilung der Definitionen der ἀνδρεία in Platos Laches.
5. Wahrheit ist ein seltnes Kraut, noch seltner, wer sie gut verdaut.
6. Inwieweit können bildliche Darstellungen nicht nur der sachlichen Erläuterung, sondern auch der künstlerischen Auffassung einer dichterischen Schöpfung dienen? (Klassenaufsatz.)

Für die Abiturienten im Ostertermin:
Was gelten soll, muss wirken und muss dienen.
7. Welche Ansicht über die Frömmigkeit entwickelt Plato im Euthyphron?
8. Kann uns zum Vaterland die Fremde werden? (Klassenaufsatz.)
9. Orestes und Pylades, zwei Gegensätze.

Für die Abiturienten im Herbsttermin:
Wer sich siegreich selbst bezwungen, hat den grössten Feind besiegt.

Latein. Cic. de offic. II.; Tacit. Germ.; Cic. in Verr. V. — Extemporeübersetzungen aus Liv. und Cic. — Grammat. Wiederholungen, Stilistik, Synonymik. — Übungen im Lateinsprechen. — Aufsätze, Pensa, Extemporalien, Kompositionen. — 6 St. Dr. Schunck.
Hor. aus od. lib. III. IV. Einige Satiren. — 2 St. Der Direktor.

Themata zu den Aufsätzen.
1. Für Ia. Quomodo Cicero extra causam, ut dicunt, Milonem defenderit.
Für Ib. Quomodo Livio auctore Veii urbs capta sit.
2. Historia rerum Graecarum quas virtutes imitandas quaeque vitia fugienda proponat.
3. Pax Cimonis quae vocatur cum Antalcidae pace comparatur.
4. Quod de Germanis Tacitus dicit (Germ. 33.): Maneat, quaeso, duretque gentibus, si non amor nostri, at certe odium sui, quando urgentibus imperii fatis nihil iam praestare Fortuna maius potest, quam hostium discordiam, id bello Peloponnesiaco finito Persarum rex dicere potuit de Graecis. (Klassenarbeit.)
5. Superbiam et singulis saepe hominibus et universis civitatibus perniciei fuisse.

6. In secundo de officiis libro Cicero: Nihil, inquit, habet dubitationis, quin homines plurimum hominibus et prosint et obsint.
7. Res Romana quomodo creverit, breviter exponatur.
8. In quinta quam habuit in Verrem oratione Cicero cur et quomodo mentionem fecerit belli fugitivorum.
9. Periculosam esse magnam gloriam, (Klassenarbeit.)

Für die Abiturienten im Ostertermin: Aufsatz 6.

Für die Abiturienten im Herbsttermin:

Quas virtutes Horatius in primis sex tertii libri carminibus laudat, iis virtutibus pristinos Romanos praeditos fuisse ostendatur.

Griechisch. Plat. Euthyphron u. Laches. — Thucyd. lib. II. Extemporeüberstzungen aus Xenoph. Hellen. u. Kyrop. — Grammat. Wiederholungen nach Koch. — Pensa und Extemporalien. — 4 St. Der Direktor.

Hom. Jl. I—XII mit Auswahl. — 2 St.

Bis Ostern der Direktor, dann Dr. v. Gimborn.

Französisch. Guizot, Histoire de Charles I. (aus Histoire de la révolution d'Angleterre). Molière, l'Avare. Wiederholungen aus dem ganzen Gebiet der Grammatik (nach Plötz, Schulgrammatik). — Pensa und Extemporalien. — 2 St. Müller.

Hebräisch. Die schwachen Verben, die Nomina und Zahlwörter, nach Seffers Elementarbuch; die zugehörigen Übungsstücke, die Lesestücke des Anhangs. — 2 St. Dr. Dreher.

Geschichte und Geographie. Die neuere Geschichte und die brandenburgisch-preussische Geschichte. Geschichtliche und geographische Wiederholungen früherer Pensa. (Pütz). Bis Ostern der Direktor, dann Dr. Schunck.

Mathematik. Kurze Wiederholung des geometrischen Pensums der Sekunden; Ergänzungen und weitere Fortführung der Planimetrie, insbesondere Rechnungen und Konstruktion algebraischer Ausdrücke (Abschnitt XIV und XV in Koppes Planimetrie). — Die Trigonometrie nach Koppes Lehrbuch. — Schriftliche Arbeiten. — 4 St. Prof. Sauerland.

In der schriftlichen Entlassungsprüfung wurden folgende Aufgaben bearbeitet:

a) im Ostertermin 1886:

1. Bei einer Länge von 96 cm. und einer Spannung von 9 Pfd. Gewicht giebt eine Saite einen gewissen Grundton an. Um wie viele cm. muss die Saite verkürzt werden, wenn gleichzeitig die Spannung um ebenso viele Pfunde vermehrt werden soll, damit die Saite die Oktave des Grundtons angiebt?
2. Die Seiten eines Dreiecks seien a = 240 m, b = 250 m, c = 260 m; wie lang ist diejenige Transversale des Dreiecks, welche den grössten der drei Winkel halbiert?
3. Es ist ein gleichschenkliges Dreieck so zu zeichnen, dass seine Höhe der Grundlinie gleich ist und dass die Differenz zwischen der Summe beider Seiten und der Grundlinie einer gegebenen Strecke 2 d gleich ist.
4. Von einer abgekürzten regelmässigen 12seitigen Pyramide beträgt die untere Grundkante 2 m, die obere 1 m, die Seitenkante 12 m; man berechne Inhalt und Seitenoberfläche.

b) im Herbsttermin 1886:

1. Ein einarmiger Hebel trägt eine Last von 720 Kil., welche durch eine 5 m vom Angriffspunkte

6

der Last angebrachte Kraft von 150 Kil. im Gleichgewichte gehalten wird; wie weit ist der Angriffspunkt der Last vom Unterstützungspunkt entfernt, wenn der laufende Meter des Hebels selbst 10 Kil. wiegt?

2. Die Seiten eines Dreiecks betragen 129,54 m und 83,57 m, der Unterschied der Winkel an der Grundlinie 21° 42' 55"; man berechne die Winkel und die Grundlinie.

3. Es ist ein Rechteck zu zeichnen, von welchem der Inhalt und das Verhältnis zwischen einer Seite und der Diagonale gegeben ist.

4. Wie gross ist der Teil der Erdoberfläche, welchen ein Luftschiffer aus einer Höhe von 1 Meile überblickt, wenn die Erde als vollkommene Kugel und ihr Radius zu 860 Meilen angenommen werden? —

Physik. Akustik, Optik (Abschnitt VIII und IX in Koppes Lehrbuch). 2 St.
Prof. Sauerland.

Sekunda.
Ordinarius: Oberlehrer Dr. Schunck.

Religionslehre. a) katholische: Die Lehre von der Offenbarung im allgemeinen. Die Wahrheit und Geschichte der alttestamentlichen Offenbarung, desgleichen der neutestamentlichen. Die Lehre von der Kirche. Nach Drehers Lehrbuch. I. Teil. — 2 St.
Dr. Dreher.

b) evangelische: Lesen ausgewählter Abschnitte des Pentateuch, der Psalmen und Propheten. Hollenberg, Hilfsbuch § 1—44. Die Bibelkunde wurde wiederholt, ebenso eine Anzahl Kirchenlieder. — 2 St.
Superintendent Hermes.

Deutsch. Epische und lyrische Gedichte von Göthe, Schiller und anderen Dichtern. (Lesebuch von Buschmann). Privatlektüre mit Rechenschaft in der Klasse. Die Jungfrau von Orleans von Schiller. Das Wichtigste aus der Poetik. Übungen im Vortrag memorierter Stücke und in freien Vorträgen. Dispositionsübungen. Aufsätze. — 2 St.
Dr. Schunck.

Themata der deutschen Aufsätze.

1. Der Taucher. (Nach Schiller.)
2. Des Menschen grösster Feind ist der Mensch.
3. Gedankengang des Gedichtes „Das eleusische Fest" von Schiller.
4. Auf welche Weise greifen Götter und Göttinnen im ersten Buche der Aeneide in die Handlung ein?
5. Dass die Römer wiederholt besiegt und von Feinden rings umgeben infolge ihrer Ausdauer und Kraftentwickelung doch zuletzt Sieger blieben, dafür liefert besonders der zweite punische Krieg einen glänzenden Beweis. (Klassenarbeit.)
6. Die Sprache des Herbstes.
7. Wodurch sind die Trojaner bewogen worden, das hölzerne Pferd in die Stadt zu ziehen?
8. Vor allen Geschöpfen dieser Erde ist der Mensch vom Schöpfer mit grossen Vorzügen begabt worden; er soll sich dieser Vorzüge würdig zeigen.
9. Scipio und Hannibal vor der Schlacht am Ticinus.
10. Die Natur unter dem Bilde eines Buches. (Klassenarbeit.)

Latein. Cic. pro Rosc. Amer. — Liv. XXI. — Verg. I. II. — Erster Teil der Syntax nach Ellendt-Seyffert § 129—234. — Mündliche Übersetzungen aus dem Deutschen ins Lateinische (Süpfle). — Pensa, Extemporalien, Kompositionen, Aufsätze. —
8 St.
Dr. Schunck.

Themata der lateinischen Aufsätze der Obersekundaner.
1. Cicero quomodo causam S. Roscio non fuisse comprobaverit, quare is patrem suum occideret.
2. Tria bella Punica quibus causis orta et quomodo confecta sint.
3. Bellum Punicum secundum quomodo Livio auctore ortum sit.

Griechisch. Xenoph. Anab. III. IV. V. cap. 1—3. Herod. VI. mit Auswahl. — Wiederholung der Lehre von den Tempora und Modi. Gebrauch der Redeteile und Kasuslehre nach der Grammatik von Koch. Pensa und Extemporalien. — 7 St.
Dr. Schaefers.
Hom. Od. in II sup. V—VIII. Dr. Schaefers; in II inf. I—III. Der Direktor, dann Knaupp.

Französisch. Thiers, Bonaparte en Égypte et en Syrie (aus Histoire de la révolution française). — Die Lehre vom Particip, vom Artikel, von den Vergleichungssätzen, von der Konkordanz und der Stellung des Adjektivs und von den Negationen; mit den Obersekundanern Repetitionen aus dem Pensum des vorigen Jahreskursus (nach Plötz Schulgrammatik Lekt. 57—69 und 70—79). — Pensa und Extemporalien. — 2 St.
Müller.

Hebräisch. Die Elemente, das regelmässige Verbum, die schwachen Verben, das Pronomen. § 1—60. Die zugehörigen Übungsstücke. Nach Seffers Elementarbuch. — 2 St.
Dr. Dreher.

Geschichte und Geographie. Römische Geschichte bis zum Untergang des weströmischen Reiches. Geographische Übersicht der Länder des römischen Reiches mit besonderer Hervorhebung Italiens. (Pütz.) — Geographie der ausser-europ. Erdteile. (Daniel) — 3 St.
Bis Ostern der Ordinarius, dann der Direktor.

Mathematik. Kurze Wiederholung des geometrischen Pensums der Tertia; in Fortführung der Planimetrie die Lehre von der Gleichheit der Figuren, von den Verhältnissen der Linien und der Figuren, von der Ausmessung geradliniger Figuren und des Kreises, von der harmonischen Teilung, von Transversalen und Ähnlichkeitspunkten (Abschn. VII—XIII in Koppes Planimetrie). — Schriftliche Arbeiten. — 4 St.
Prof. Sauerland.

Physik. Allgemeine Eigenschaften, Wärme, chemische Eigenschaften der Körper (Abschn. I, X, V in Koppes Lehrbuch). — 2 St.
Prof. Sauerland.

Tertia.
Ordinarius: Oberlehrer Dr. Schaefers.

Religionslehre. a) katholische: Die Lehre von dem christlichen Glauben. Das katholische Kirchenjahr. — 2 St.
Dr. Dreher.

b) evangelische: Geschichte des Volkes Israel nach der bibl. Geschichte von Zahn. Die wichtigeren geschichtlichen Abschnitte des Alten Testamentes wurden gelesen, die Geographie Palästinas dargestellt, der Luthersche Katechismus und Kirchenlieder wurden wiederholt. — 2 St.
Superintendent Hermes.

Deutsch. Erklärung ausgewählter poetischer und prosaischer Stücke aus dem Lesebuche von Buschmann. Elemente der Poetik. Deklamationsübungen. Übersicht über die Lehre von der Deklination und Konjugation nach dem Leitfaden von Buschmann. Dispositionsübungen. Aufsätze. — 2 St.

Im Winter: der Direktor. Im Sommer: Knaupp.

Latein. Caes. de bell. Gall. IV.—VI. Wiederholung der Kasuslehre. Die Tempora und Modi. Mündliche Übersetzungen aus dem Übungsbuche von Meiring. Pensa und Extemporalien. — 7 St. Dr. Schaefers. Ovid Metam. in Auswahl. Prosodie und Metrik. — 2 St.

Der Ordinarius; dann Knaupp.

Griechisch. 1) III. sup. Xenoph. Anab. I. — Abschluss der Formenlehre nach der Grammatik von Koch. Die wichtigsten syntaktischen Regeln im Anschluss an die Lektüre. — Mündliche Übersetzungen aus dem Übungsbuche von Wesener. — Pensa und Extemporalien. — 7 St. Dr. Heinz.

2) III. inf. Die Formenlehre bis zu den Verben auf μι (Koch § 18—51). — Mündliche Übersetzungen aus dem Übungsbuche von Wesener. — Pensa und Extemporalien. 7 St. Dr. v. Gimborn.

Französisch. 1) III. sup. — Michaud, Histoire de la première croisade. — Anwendung der Hülfsverba avoir und être, reflexive und unpersönliche Verba; erweiterte Formenlehre des Substantivs, Adjektivs, Adverbs; das Zahlwort und die Präpositionen nach Plötz, Schulgrammatik. — Pensa und Extemporalien. — 2 St. Müller.

2) III. inf. Rollin, Hommes illustres de l'antiquité. — Das Übrige wie in III. sup. — 2 St. Dr. Schaefers.

Geschichte und Geographie. Neuere deutsche Geschichte mit besonderer Berücksichtigung der Geschichte des Preussischen Staates (Pütz). — Mitteleuropa, insbesondere Deutschland (Daniel). — 3 St. Dr. Heinz.

Mathematik. 1) III. sup. Algebra: Wiederholungen aus dem Pensum der III. inf. Gleichungen des ersten Grades mit einer und mehreren Unbekannten (Lehrbuch von Heilermann und Diekmann). — Planimetrie: Wiederholungen aus dem Pensum der III. inf. Die Lehre vom Kreise. (Koppes Lehrbuch VI.) Schriftliche Arbeiten. — 3 St. Prof. Sauerland.

2) III. inf. Algebra: Die vier Species der Buchstabenrechnung (Heilermann und Diekmann). Ausziehen der Quadratwurzel. — Planimetrie: Wiederholungen aus dem Pensum der Quarta. Das Viereck (Koppe V). Schriftliche Arbeiten. — 3 St. Prof. Sauerland.

Naturkunde. 1) III. sup. Anatomie und Physiologie des Menschen. Das Wichtigste aus der Gesundheitslehre. Nach Bänitz, Leitfaden der Zoologie. Krystallographie. Mineralogie und Geognosie. Nach Bänitz, Leitfaden der Chemie und Mineralogie. — 2 St. Grimm.

2) III. inf. Die wirbellosen Tiere. Nach Bänitz, Leitfaden der Zoologie. Anatomie, Physiologie und Biologie der Gewächse. Die wichtigsten Kryptogamen. Pflanzengeographie. Nach Bänitz, Leitfaden der Botanik. — 2 St. Grimm.

Quarta.

Ordinarius: Gymnasiallehrer Dr. Heinz.

Religionslehre. a) katholische: Die Lehre von den hl. Sakramenten. Repetitionen aus der Glaubens- und Sittenlehre (nach dem Diözesankatechismus). Aus der bibl. Geschichte eine Nachlese der schwierigern Geschichten (nach Schuster, Biblische Geschichte). — 2 St.   Dr. Dreher.

b) evangelische: Kombiniert mit Tertia.

Deutsch. Lesen und Erklären poetischer und prosaischer Stücke aus dem Lesebuche von Buschmann 2. Abteilung. Übungen im Vortrag von Gedichten. — Wiederholung und Erweiterung des grammatischen Pensums der Quinta; der mehrfach zusammengesetzte Satz (nach dem Leitfaden für den Unterricht in der deutschen Sprache von Buschmann). Rechtschreibung und Interpunktion. — Schriftliche Arbeiten. — 2 St.

Der Ordinarius.

Latein. Wiederholung des Pensums der Quinta. Die Kasuslehre, das Wichtigste aus der Tempus- und Moduslehre und einige grammatisch-stilistische Regeln. Übersetzungen aus dem Übungsbuch Busch 3. Teil im Anschlusse an die Grammatik. (Ellendt-Seyffert.) — 6 Biographien aus Corn. Nepos. — Pensa und Klassenarbeiten. — 9 St.

Der Ordinarius.

Französisch. Die Lehre von den Pronomina; die regelmässige und unregelmässige Konjugation (nach Plötz, Elementarbuch Lekt. 60—85 und Schulgrammatik Lekt. 1—23). Pensa, Diktate und Extemporalien. — 5 St.   Müller.

Geschichte und Geographie. Geschichte der Griechen und Römer (nach Pütz, Grundriss der Geographie und Geschichte für die mittlern Klassen 1. Abt.) — 2 St.

Der Ordinarius.

Wiederholung und Erweiterung der Grundlehren der math. Geographie; die ausser-europäischen Erdteile. (Leitfaden von Daniel.) — 2 St.   Mendler.

Mathematik und Rechnen. Zusammengesetzte Regel de Tri, Gewinn- und Verlust-rechnung mit Prozenten, Zins-, Rabatt- und Diskontorechnung, Verteilungs- und Gesell-schaftsrechnung (Schellen, Rechenbuch). — Alle 14 Tage eine schriftliche Arbeit. — Die ersten Begriffe und Sätze der Geometrie; Lehre von den Parallelen und vom Dreiecke (Koppe, Lehrbuch der Planimetrie). — Alle 3 Wochen eine schriftliche Arbeit. — 4 St.

Grimm.

Naturkunde. Zoologie: Die Wirbeltiere (Bänitz, Leitfaden der Zoologie). — Botanik: Einführung in das natürliche System; Pflanzenkunde mit besonderer Berücksichtigung der einheimischen Bäume, Gräser und der Handelsgewächse (Bänitz, Leitfaden der Botanik). — 2 St.   Grimm.

Zeichnen. Wiedergabe von schwierigern Modellen im Umrisse und von einfachen Gipsmodellen in Schattierung. Ornamente nach Vorlagen mit Veränderung des Mass-stabes. — 2 St.   Mendler.

Quinta.

Ordinarius: Gymnasiallehrer Müller.

Religionslehre. a) katholische: Die Lehre von den Geboten, der Sünde (Diözesankatechismus). Biblische Geschichten: das Neue Testament (Schuster, Biblische Geschichte). — 2 St.   Dr. Dreher.

b) evangelische: Biblische Geschichten des Alten Testaments bis auf Elisa (Zahns Biblische Historien). Das erste Hauptstück mit Erklärung und Sprüchen (Dr. Martin Luthers Kleiner Katechismus; Spruch- und Lieder-Kanon für den evangelischen Religionsunterricht an höheren Schulen). Acht Kirchenlieder wurden gelernt (Gesangbuch für evangelische Gemeinden und Schulen). — 2 St.   Superintendent Hermes.

Deutsch. Lesen und Erklären poetischer und prosaischer Stücke aus dem Lesebuche von Schulz. Übungen im Nacherzählen des Gelesenen und im Vortrag von Gedichten. — Wiederholung und Erweiterung des grammatischen Pensums der Sexta; die Lehre von den Satzerweiterungen (Buschmann, Leitfaden für den Unterricht in der deutschen Sprache). — Orthographische Übungen. — Schriftliche Arbeiten. — 2 St.   Müller.

Latein. Wiederholung und Erweiterung des Pensums der Sexta; Beendigung der Formenlehre; einige syntaktische Regeln (Ellendt-Seyffert, Lateinische Grammatik). — Übersetzungen aus dem Übungsbuche von Busch. 2. Abt. — Pensa und Extemporalien. — 9 St.   Müller.

Französisch. Formenlehre bis zum Passiv der regelmäßigen Konjugation nach Plötz, Elementarbuch Lekt. 1—71. — Pensa und Extemporalien. — 4 St.   Dr. Schaefers.

Geschichte und Geographie. a) Deutsche Sagen und Geschichten aus dem Mittelalter. — 1 St.   Müller.

b) Wiederholung des Pensums der Sexta. Europa mit besonderer Berücksichtigung Mitteleuropas. — 2 St.   Mendler.

Rechnen. Wiederholung der gewöhnlichen Brüche. Die Dezimalbruchrechnung. Einfache Regel de Tri. (Schellen, Aufgaben I Abt. § 15, II Abt. § 16.) — Übungen im Gebrauch von Zirkel und Lineal. Einfache Konstruktionsaufgaben. — Schriftliche Arbeiten. — 4 St.   Mendler.

Naturkunde. Zoologie: Erweiterung des Pensums der Sexta. Besprechung von Tierarten, die zu einer Ordnung gehören (Bänitz, Leitfaden der Zoologie). — Botanik: Das Linnésche System. Morphologie der Pflanzen (Bänitz, Leitfaden der Botanik). — 2 St.   Grimm.

Gesang. Das Wichtigste aus der allgemeinen Musiklehre. Noten, Takt, chromatische Veränderungen der Tonstufen, Dur- und Molltonleitern, Tempo und dessen Bezeichnung, Treffübungen. Einübung von Choralmessen und ein-, zwei und dreistimmigen Kirchen- und Volksliedern. (Liedersammlung von Bohn und Mettlich.) — 2 St.   Mendler.

— 47 —

Schreiben. Wiederholung und Befestigung der kleinen und grossen deutschen und lateinischen Buchstaben, vom Worte zum Satze fortschreitend. Taktschreiben. — 2 St.
Mendler.

Zeichnen. Zeichnen von ornamentalen Flächefiguren nach Wandtafeln. Übungen im Zeichnen von Flachmodellen. — 2 St.
Mendler.

Sexta.

Ordinarius: Dr. v. Gimborn.

Religionslehre. a) katholische: Das apostolische Glaubensbekenntnis (Diözesankatechismus S. 1—33). Einübung wichtiger Gebete. Beichtunterricht. Die biblische Geschichte nach Schuster. Die leichteren Geschichten des Alten und einige des Neuen Testaments. — 3 St.
Dr. Dreher.

b) evangelische: Siehe Quinta.

Deutsch. Lesen und Erklären poetischer und prosaischer Stücke aus dem Lesebuche von Buschmann. Übungen im Nacherzählen des Gelesenen und im Vortrag von Gedichten. Starke und schwache Deklination des Substantivs und Adjektivs, starke und schwache Konjugation; die Lehre vom einfachen Satz. (Nach Buschmanns Leitfaden.) — Orthographische Übungen. Schriftliche Arbeiten. — 3 St.
Der Ordinarius.

Latein. Die regelmässige Formenlehre nach Ellendt-Seyffert. Übersetzungen aus dem Übungsbuche von Busch. Memorieren von Vokabeln. — Pensa und Extemporalien. — 9 St.
Der Ordinarius.

Geschichte und Geographie. a) Biographische Erzählungen aus der antiken Heldensage nach Buschmann. Sagen und Geschichten aus dem Altertum. — 1 St.
Der Ordinarius.

b) Allgemeine Vorbegriffe aus der mathematischen Geographie. Oceanographie und die Erdteile ausser Europa. (Nach Daniels Leitfaden.) — 2 St.
Mendler.

Rechnen. Teilbarkeit der Zahlen. Mass-, Münz- und Gewichtssystem. Die vier Grundrechnungen mit unbenannten und benannten, ganzen und gebrochenen Zahlen. (Nach Schellens Rechenbuch.) Schriftliche Arbeiten. — 4 St.
Grimm.

Naturgeschichte. Zoologie: Systematische Beschreibung der wichtigsten Tiere nach Bänitz, Leitfaden der Zoologie. Botanik: Beschreibung der wichtigsten Pflanzen mit besonderer Berücksichtigung ihrer morphologischen Eigenschaften nach Bänitz, Leitfaden der Botanik. — 2 St.
Grimm.

Gesang. Siehe Quinta.

Schreiben. Einübung der kleinen und grossen deutschen und lateinischen Schriftformen. Wörter und Sätze mit denselben. Taktschreiben zur Erzielung einer leichten und fliessenden Handschrift. — 2 St.
Mendler.

Zeichnen. Geradlinige in ein quadratisches Liniennetz passende Formen nach Vorzeichnungen des Lehrers und nach Wandtafeln. Gerad- und kreislinig begrenzte Formen nach Wandtafeln. — 2 St.
Mendler.

Dispensationen.

Von der Teilnahme am Religionsunterricht waren weder katholische noch evangelische Schüler dispensiert.

Mitteilungen über den technischen Unterricht.

1. **Turnen.** Eine Abteilung mit 6 Riegen. Frei-Gerät- und Gerüstübungen. — Bewegungsspiele. — 2 St. Dispensiert waren 8 Schüler. — Mendler.

2. **Gesang.** Chorgesang für die besseren Sänger aller Klassen. Choralmessen und vierstimmige Gesänge für gemischten Chor. — 2 St. Mendler.

3. **Zeichnen.** An dem fakultativen Zeichenunterrichte beteiligten sich 7 Schüler. — 2 St. Mendler.

4. **Schwimmen.** Die Schüler badeten bei gutem Wetter täglich in der Gymnasialschwimmschule. Schwimmlehrer Gayer.

II. Verfügungen der vorgesetzten Behörden.

1. Eine Verf. des Kgl. Prov.-Schul-Koll. vom 24. Juli 1885 bringt einen Ministerialerlass vom 8. Juli 1885 zur Kenntnisnahme, durch welchen wiederholt eingeschärft wird, dass das Zeugnis der wissenschaftlichen Befähigung für den einjährigen Dienst nur auf Grund des einjährigen erfolgreichen Besuches der Sekunda erteilt werden kann.

2. Durch Verf. vom 13. Sept. 1885 wird die Direktion angewiesen, dem Zeugnisse solcher Schüler, welche nach zweijährigem Besuche der Obersekunda (beziehungsweise Unterprima) nicht einstimmig haben versetzt werden können und deshalb zu entlassen sind, die Bemerkung hinzuzufügen: N. N. ist auf Grund des Ministerialreskriptes vom 3. Juli 1861, nachdem er zwei Jahre in der Klasse II A (beziehungsweise I B) zugebracht und nicht einstimmig hat versetzt werden können, entlassen worden und wird für den Fall, dass er die Reife für die Universität darthun will, auf die Prüfung als Extraneer verwiesen.

3. Ein Ministerialerlass vom 12. Nov. 1885, Schwerhörigkeit der Schüler betreffend, macht es der Schule zur Pflicht, dass sie bei denjenigen schwerhörigen Schülern, welche ihr Übel noch nicht zur Teilnahme am Unterrichte unfähig macht, durch besondere Berücksichtigung und Aufmerksamkeit die nachteiligen Folgen des Leidens für die geistige Entwickelung der Schüler möglichst zu ermässigen suche, und dass sie, wo die beginnende Schwerhörigkeit den Eltern noch nicht bekannt zu sein scheint, dieselben sofort in Kenntnis setze und ihnen die Einholung ärztlichen Rates anheimgebe.

4. Eine Verf. vom 7. Dez. 1885 genehmigt die Einführung des Leitfadens der Botanik von Bänitz von Ostern 1886 ab.

5. Durch Verf. vom 12. April 1886 wurde die Einführung des „Spruch- und Liederkanons für den evangelischen Religionsunterricht, Ewich in Duisburg" von Ostern 1886 ab genehmigt.

III. Chronik der Schule.

1. Gegen Ende des Schuljahres 18⁸⁴/₈₅ hatte sich das Gymnasium eines Besuches durch den Herrn Regierungs- und Provinzialschulrat Dr. Deiters zu erfreuen. Derselbe wohnte am 13. August in sämtlichen Klassen der Anstalt dem Unterrichte bei und beehrte am 14. August auch die öffentliche Prüfung und die Schlussfeier mit seiner Anwesenheit.

2. Das Schuljahr 18⁸⁵/₈₆ wurde am 21. Sept. 1885 eröffnet.

3. Am Dienstag den 22. Sept. 1885 wurde aus Anlass des Geburtsfestes Seiner Hoheit des Fürsten Leopold von Hohenzollern ein feierlicher Gottesdienst in der Gymnasialkirche abgehalten.

4. Am 22. Dez. 1885 wurde eine Gymnasialfahne, deren Kosten (im Betrage von 208 Mark) durch gemeinschaftliche freiwillige Beiträge der Lehrer und Schüler bestritten waren, in feierlicher Weise durch den Direktor dem Gymnasium übergeben. Möge die hohenzollernsche studierende Jugend dem Wahrzeichen ihrer Fahne immerdar getreu bleiben!

5. Am 5. Jan. 1886 fand aus Anlass des 25jährigen Regentenjubiläums Sr. Majestät des Kaisers und Königs Wilhelm ein Festgottesdienst in der Gymnasialkirche und im Anschluss daran ein Festakt im Schulsaal des Gymnasiums statt; die Festrede hielt der Direktor.

6. Am 17. Jan. 1886 veranstaltete das Gymnasium im Saale des Hôtel Schach ein Schülerkonzert. Das rege Interesse, welches die der Schule näher und ferner stehenden Kreise der Aufführung entgegenbrachten, bekundete sich in dem überaus zahlreichen Besuche, und die Aufnahme, welche die Aufführung fand, war eine unerwartet freundliche. Der Ertrag, im ganzen 307 Mark, wurde zur Deckung der Unkosten und zur Ergänzung der Lehrmittel des Gymnasiums verwandt (siehe unten: V.). Den Schülern wurde auf diese Weise Gelegenheit gegeben, ihre Dankbarkeit gegen die Anstalt auch durch die That zu bezeugen.

7. Am Feste des hl. Joseph führte der Religionslehrer Dr. Dreher sieben Schüler zur ersten hl. Kommunion.

8. Der Allerhöchste Geburtstag Seiner Majestät des Kaisers und Königs wurde am 22. März durch einen feierlichen Gottesdienst in der Gymnasialkirche und durch einen Festakt im Ständehause begangen. Die Festrede hielt der Herr Oberlehrer Dr. Schaefers.

9. Am 2. Juni 1886, als dem Jahrestag des Ablebens Seiner Königlichen Hoheit des hochseligen Fürsten Karl Anton, wurde in der Gymnasialkirche ein feierliches Requiem abgehalten.

Über das Lehrerkollegium ist folgendes zu berichten:

1. Am 9. April nahm Herr Direktor Dr. Buschmann in herzlicher Weise von dem Lehrerkollegium Abschied, nachdem er seit Herbst 1883 der Anstalt vorgestanden hatte. Wie sehr er sich in dieser kurzen Zeit das Vertrauen und die Liebe

7

aller bei der Schule beteiligten Kreise zu erwerben verstanden hatte, das bewies der allgemeine Ausdruck des Bedauerns und der herzliche Abschied, der ihm bei seiner Abreise von hier in seine neue Stellung als Direktor des Kgl. Gymnasiums zu Bonn zu teil wurde.

2. Der unterzeichnete Berichterstatter, bis dahin Oberlehrer am Königl. Kathol. Gymnasium an Marzellen zu Köln, wurde durch Allerhöchst vollzogene Urkunde vom 11. November 1885 zum Direktor ernannt und ihm durch Ministerialerlass vom 28. November die Direktion des hiesigen Gymnasiums übertragen. Die Einführung desselben in sein neues Amt erfolgte im engeren Kreise der Schule am 29. April dieses Jahres durch den Herrn Regierungspräsidenten Graaf. Ein solennes Hochamt in der Gymnasialkirche war der Feier vorausgegangen.

3. Durch Verfügung vom 18. Mai wurde dem Oberlehrer Dr. Schaefers, der seit Ostern 1875 der Anstalt angehört hatte, die 2. Oberlehrerstelle an dem mit Ostern dieses Jahres vervollständigten Gymnasium zu Siegburg übertragen und scheidet derselbe infolge dessen zu Ende des Schuljahres aus seiner hiesigen Stelle aus.

4. Auf Grund einer Verfügung vom 20. Juni ist die Beschäftigung des Schulamts-Kandidaten Knaupp vom 25. Mai bis Ende des Schuljahres als Fortsetzung resp. Vollendung seines Probejahres anzusehen.

8. Der Turnrat bestand aus dem Berichterstatter, dem Turnlehrer, dem Oberlehrer Dr. Schunck, dem ordentlichen Lehrer Müller und dem commissar. Lehrer Grimm. —

Der Gesundheitszustand unter den Schülern war abgesehen von unbedeutenderen Erkrankungen ein durchaus befriedigender.

Von den Lehrern der Anstalt sah sich der Gymnasiallehrer Müller infolge eines rheumatischen Leidens zu Beginn des Schuljahres gezwungen, den Unterricht auf 14 Tage auszusetzen, desgleichen am 12. und 13. Mai. Unwohlsein verhinderte Oberlehrer Dr. Schunck am 27. Februar, sowie am 5.—8. März Unterricht zu erteilen. Gymnasiallehrer Dr. Heinz war vom 14.—19. November und am 19. Februar beurlaubt.

IV. Statistische Mitteilungen.

A. Frequenztabelle.

	O. I.	U. I.	O. II.	U. II.	O. III.	U. III.	IV.	V.	VI.	Summa.
1. Bestand am 1. Juni 1885.	2	8	10	13	11	16	9	16	13	98
2. Abgang bis zum Schluss des Schuljahres 1885.	—	1	1	—	—	—	3	2	—	7
3. a. Zugang durch Versetzung zu Michaelis 1885.	5	10	11	11	11	8	12	14	—	82
3. b. Zugang durch Aufnahme zu Michaelis 1885.	—	—	2	2	—	2	8	1	20	30
4. Frequenz am Anfang des Schuljahres 1885.	7	11	13	15	13	13	16	14	22	124
5. Zugang im Wintersemester.	—	—	—	—	—	—	—	—	—	—
6. Abgang im Wintersemester.	2	—	2	—	—	—	—	—	—	4
7. a. Zugang durch Versetzung zu Ostern.	1	—	—	1	—	—	1	—	3
7. b. Zugang durch Aufnahme zu Ostern.	—	1	—	1	1	—	1	—	4
8. Frequenz am Anfang des Sommersemesters.	7	10	14	13	15	12	17	15	21	124
9. Zugang im Sommersemester.	—	—	—	—	—	—	—	—	—	—
10. Abgang im Sommersemester.	—	—	—	—	—	—	—	—	—	—
11. Frequenz am 1. Juni 1886.	7	10	14	13	15	12	17	15	21	124
12. Durchschnittsalter am 1. Juni 1886.	20	19¹	17 $6^{10}/_{12}$	17 $4/_{12}$	16$^6/_{12}$	15$^4/_{12}$	13$^9/_{12}$	12$^{10}/_{12}$	11$^3/_{12}$	

B. Religions- und Heimatsverhältnisse der Schüler.

	Kathol.	Evang.	Dissid.	Juden	Einheim.	Auswärt.	Ausländer
1. Am Anfang des Wintersemesters	108	16	—	—	72	44	8
2. Am Anfang des Sommersemesters	108	16	—	—	78	43	8
3. Am 1. Juni 1886	108	16	—	—	73	43	8

Das Zeugnis behufs Meldung zum einjährig-freiwilligen Militärdienst haben erhalten: Ostern 1886: 1, Herbst 1885: 10 Schüler.

Davon sind zu einem praktischen Berufe abgegangen: Ostern 1886: keiner, Herbst 1885: keiner.

5

C. Übersicht über die Abiturienten.

1. Ostertermin 1886.

Die schriftliche Prüfung der Abiturienten fand statt in den Tagen vom 16.—20. Februar, die mündliche unter dem Vorsitze des durch Verf. vom 8. Februar zum Kgl. Kommissar ernannten Direktors am 26. März. Beide Abiturienten erhielten das Zeugnis der Reife, nämlich:

N a m e.	Geburtsort	Geburtstag	Konfession	Gewählter Beruf
1. Koch Robert	Düsseldorf	1. Nov. 1866	kath.	Jurisprudenz
2. Schach Franz	Sigmaringen	1. Jan. 1868	kath.	Theologie.

2. Herbsttermin 1886.

Die schriftliche Prüfung der Abiturienten fand statt in den Tagen vom 28. Juni bis 3. Juli, die mündliche unter dem Vorsitze des Herrn Provinzialschulrats Dr. Deiters am 6. und 7. August. Die 7 Abiturienten erhielten das Zeugnis der Reife.

N a m e.	Geburtsort	Geburtstag	Konfession	Gewählter Beruf
1. Eichhorn Stephan	Köln	22. März 1866	kath.	Militairfach
2. Knickenberg Ernst	Düsseldorf	25. Sept. 1867	kath.	Medizin
3. Libotte Karl	Hechingen	13. Nov. 1864	kath.	Baufach
4. Pfister Wilhelm	Burladingen	27. Nov. 1867	kath.	Philologie
5. Raible Viktor	Sigmaringen	8. Aug. 1867	kath.	Theologie
6. Schuneck Martin	Sigmaringen	9. Juli 1867	kath.	Medizin
7. Wegeler Julius	Kreuznach	6. Jan. 1866	kath.	Medizin.

Den zwei Abiturienten Knickenberg und Pfister wurde die mündliche Prüfung erlassen.

V. Sammlungen von Lehrmitteln.

1. Die Lehrerbibliothek, verwaltet von Dr. v. Gimborn, erhielt folgenden Zuwachs:

a. Durch Schenkung:

Von der Fürstlich Hohenzollernschen Hofbibliothek: Zeitschrift des deutschen Palästina-Vereins. Bd. VII Heft 4 und Bd. VIII. — Alemannia XIII. Jahrg. Heft 1, 2, 3.

Von dem Königl. Prov.-Schulkollegium: Librorum vet. testamenti canonicorum pars 1 graece Pauli de Lagarde studio et sumptibus edita 1883. — Joh. Seb. Bachs Werke Jahrg. 31. — Denkschrift über die Aufgabe der Gesellschaft für rheinische Geschichtskunde. — Verzeichnis der rheinischen Weistümer. Trier 1883. — Rhein. Archiv. Wegweiser durch d. für d. Gesch. des Mittel- und Unterrheins wichtigen Handschriften. I. Teil von Dr. Jlgen. Trier 1885.

Von dem Herrn Direktor Dr. Buschmann: Leimbach, Ausgewählte deutsche Dichtungen erläutert, 1. und 2. Teil, Kassel 1875. — Reinhard, Album des klass. Altertums.

Von dem Herrn Oberrevisor Pfeiffer: Immortellenkranz, Taschenbuch aus dem Eyachthale. Sulz a/N.

Von dem komm. Lehrer Grimm: Käding, der Unterricht in der Stolzeschen Stenographie.

Von dem Herrn Prof. Paul de Lagarde: Veteris testamenti ab Origine recensiti fragmenta apud Syros servata quinque, Göttingen 1880. — Aegyptiaca 1883. — Psalterium Job, proverbia arabice 1876. — Psalterii versio memphitica 1875. — Psalmi 1—49 arabice 1875. — Materialien zur Kritik und Geschichte des Pentateuchs, Leipzig 1867. — Praetermissorum libri duo, Göttingen 1879. — Judae Harizi Macamae, Göttingen 1883. — Petri Hispani de lingua arabica libri duo, Göttingen 1883. — Symmicta, Göttingen 1877. — Aus dem deutschen Gelehrtenleben, Göttingen 1880.

Von den Verlegern: Kühn und Schilling, Prakt. Anleitung zum Erlernen der hebr. Sprache, Tübingen 1885. — Bänitz, Leitfaden für den Unterricht in der Botanik, Berlin 1884. — Bänitz, Leitfaden für den Unterricht in der Chemie und Mineralogie, Berlin 1881. — Hallerstein, Lehrbuch der elementaren Mathematik. 1. Teil, Berlin 1885. — Rzach, Homeri Iliadis carmina pars prior. Lipsiae 1886. — Herod. vol. I.; Hom. Od. pars prior.: Soph. Trach.: Liv. lib. I. II. XXI. XXII. Freytag Lipsiae.

b. Durch Ankauf: α. aus etatsmässigen Mitteln:

Reimann, Die körperliche Erziehung. 1885. — Lehmann Vorlesungen über die Hilfsmittel und Methode des geogr. Unterrichts. Heft I. u. 2. Halle a S. 1885. — Verhandlungen der Direktoren-Versammlungen. Bd. XVIII—XXI. — Ferner die Fortsetzungen von Frick und Polack. Aus deutschen Lesebüchern (IV. Lief. 2—5). — Buchholz. Die Homerischen Realien (Bd. III). Leipzig 1885. — Hoffmann. Zeitschrift f. d. mathem. u. naturwissenschaftl. Unterricht. — Centralblatt für die gesamte Unterrichtsverwaltung in Preussen. — Neue Jahrbücher für Philologie und Pädagogik. Zeitschrift f. d. Gymnasialwesen. — Archiv f. d. Studium der neueren Sprachen. — Zeitschrift für Schulgeographie (VI. Jahrg.) — Hirsch. Mitteilungen aus der historischen Litteratur. — Frick. Lehrproben (Heft 3, 4, 5). — Herders Werke. herausgegeben von Süphan. (Bd. 23 u. 25). — Wiese. Samml. der Verordnungen und Gesetze für die höheren Schulen Preussens. III. Ausgabe. I. Abteilung: Die Schule von Prof. Dr. Kübler. Berlin 1886. — v. Sybel. Geschichte der franz. Revolution. 5 Bd. — Neueste Auflage von Kirchhoff: Geographie. — Wiese. Lebenserinnerungen und Amtserfahrungen, Berlin 1886. — Müller. Lehrbuch der kosmischen Physik. Braunschweig 1885. — Gerhard. Geschichte der Mathematik in Deutschland. München. — Thomé, Flora in Deutschland. Jena. — Klemt, Lehrbuch zur Einführung in die moderne Algebra. Leipzig. — Lagrange, Mathemat. Elementarvorlesungen. — Menge und Werneburg. Antike Rechenaufgaben. — Preller. Griechische Mythologie. Berlin. — Oesterlen, Studien zu Horaz. Tübingen 1885. — Kern. Lehrstoff für den deutschen Unterricht in Prima, 1886.

β. aus dem Ertrage des Konzertes:

Instruktionen für den Unterricht an den österr. Gymnasien. Wien 1885. — Weisungen zur Führung des Schulamtes an den österr. Gymnasien. Wien 1885. — Die Fortsetzungen von Muschacke, Statistisches Wörterbuch (Jahrg. VI.) — Kirchhoff, Unser Wissen von der Erde (I. Bd. 3 Teil) Prag und Leipzig 1886. — Schmid, Encyklopädie des Erziehungswesens (Bd. VII). — Janssen. Deutsche Geschichte (Bd. IV). — Weiss, Lehrbuch der Weltgeschichte (Bd. VIII, Teil 1). — Verhandlungen der Direktorenversammlungen. Bd. XXII. — Leunis, Synopsis der drei Naturreiche (Bd. II, Abteil. 2).

2. Die Schülerbibliothek, ebenfalls verwaltet von Dr. v. Gimborn, erhielt folgenden Zuwachs:

a. Durch Schenkung:

Von Seiner Hoheit dem Fürsten Leopold von Hohenzollern: Schmid, Der Urstamm der Hohenzollern. 1. Teil, Tübingen 1864.

Vom Oberprimaner Koch: Hummel, der Waldläufer. — Albrecht, Zwei Welten. — Hoffmann, Der Spion. Leipzig.

Von dem Sekundaner Schmid: Mensch, Kongo der Löwentöter. Stuttgart.

Von dem komm. Lehrer Grimm: Bock, Bau, Leben und Pflege des menschlichen Körpers. 1884. — Das Buch der Erfindungen. Bd. I. Leipzig und Berlin 1884.

b. Durch Ankauf:

Harms, Methode des akadem. Studiums. Leipzig 1885. — Annette von Droste-Hülshoff. — Gesammelte Schriften, herausgegeben von Schücking. — Adamy, Einführung in die antike Kunstgeschichte.

Hannover 1886. — Leimbach, Dichter der Neuzeit und Gegenwart, Kassel 1884/85. — Wingemüller, Das Anlegen der Käfer- und Schmetterlingssammlungen, Magdeburg. — Meisterwerke der Holzschneidekunst. (Als Hilfsmittel für den deutschen Unterricht). — Culhorn, Deutsche Mythologie, Hannover. — Lewes, Goethes Leben, Stuttgart. — Herzberg, Athen, historisch-topographisch dargestellt, Halle. — Jacob, Unsere Erde, Freiburg. — Huthmacher, Ein Besuch in den römischen Katakomben, Mainz 1861. — Roth: Griechische Geschichte, Nördlingen.

3. Anschauungsmittel für den geschichtlichen und geographischen Unterricht.

Hirth, historische Bildertafeln. I. Teil. Breslau 1885. — Langl, Griechische Göttergestalten (Lief. 2—10), Wien 1885—86. — Bilder für Schule und Haus. I. Lief. Leipzig.

4. Das von dem commiss. Lehrer Grimm verwaltete naturhistorische Kabinett erhielt an Geschenken:

Mehrere Seefische, Korallen und Gesteine von Sextaner Mendler.

Ein Eichhörnchen von Quintaner Seelos.

Ein Hühnerhabicht und ein Wellensittich von Quintaner v. Rheinbaben.

Ein Wiesel von Quartaner Giese.

Mehrere Tufsteingebilde aus Bärenthal von Sextaner F. Schuh und Obertertianer Bilharz.

Ein Reh- und ein Gemsgeweih von Obersekundaner v. Bodmann.

Balg eines Mäusebussarden von Sextaner Eberhard.

Balg einer Wildkatze und eines Wanderfalken von Herrn Oberförster Karle.

L. Keller: Anatomische Wandtafeln von Herrn Zillex.

A. de Bary: Mikroskopische Photographien nach botanischen Präparaten, Heft I. und A. de Bary: Mikroskopische Photographien nach pathologisch-anatomischen Präparaten, Heft I. von Herrn Hofkammerrat Lasser.

Aus den Erträgnissen eines von den Schülern veranstalteten Konzerts wurden angeschafft: Eine Sammlung mikroskopischer Präparate. — 10 Tafeln aus Lehmann: Zoologischer Atlas. — 12 Tafeln aus Meinhold: Wandbilder für den Unterricht in der Zoologie. — 5 Holzstäbe zur Veranschaulichung der krystallographischen Axensysteme. — Ferner wurden daraus die Kosten des Ausstopfens einer Wildkatze, eines Wanderfalken und eines Mäusebussardes bestritten.

Aus etatsmässigen Mitteln wurde angeschafft: Eine Sammlung ausgestopfter Säugetiere und Vögel. — 8 Tafeln aus Lehmann: Zoologischer Atlas. 9 Tafeln aus Lehmann: Tierbilder für den Anschauungsunterricht.

Für das von Prof. Sauerland verwaltete physikalische Kabinett wurde angeschafft: Eine Taucherbatterie von 4 Elementen. — 4 Geisslersche Röhren. — 2 Kohlenspitzen mit Handhaben zur Darstellung des Bogenlichtes. — Eine Swansche Glühlichtlampe. — Eine Lampe nach Breitenlohner nebst dazu gehörender Spirituslampe. — Ferner wurden mehrere Apparate repariert und einige Chemikalien angeschafft.

Geschenke: Von Seiner Hoheit dem Fürsten Leopold: Eine Gypsbüste Seiner Königlichen Hoheit des hochseligen Fürsten Karl Anton.

Eine antike Münze von Herrn Bahnhofsinspektor Claussnitzer.

VI. Stiftungen und Unterstützungen von Schülern.

a. Stiftungen, und zwar:

I. Die von dem Hochseligen Fürsten Karl Anton von Hohenzollern Königliche Hoheit im Jahre 1868 begründete „Prinz Wilhelm Stiftung" für brave und bedürftige Schüler des hiesigen Gymnasiums aus den Hohenzollernschen Landen; unter gleich würdigen Bewerbern haben jedesmal die Schüler der höheren Klasse den Vorzug vor denen der niederen. Der Stiftungsfonds wurde durch letztwillige Bestimmung des Hochseligen Fürsten vom Jahre 1872 (bezw. 1879) um 4000 Mark vermehrt, so dass in Zukunft jährlich mindestens zwei Stipendien zu je 140 Mark zur Verteilung kommen können.

1. Die „Sales Sonntagsche Stiftung" zu 30 Mark und die aus der „Armenseelenpfründe zu Trochtelfingen" fliessenden Stipendien, welche in vier bis fünf Portionen von je 107 oder 50 bis 86 Mark vergeben werden. Bei Bewerbungen um die Sales Sonntagsche Stiftung haben Verwandte des Stifters den Vorzug, auch wenn sie nicht dem hiesigen Gymnasium angehören. Um die aus der Armenseelenpfründe zu Trochtelfingen fliessenden Stipendien können sich von den Schülern des Gymnasiums nur solche bewerben, welche beabsichtigen sich dem Studium der Theologie zuzuwenden; dieselben müssen aus dem ehemaligen Fürstentum Sigmaringen stammen, doch haben diejenigen, welche den ehemaligen Ämtern Trochtelfingen und Jungnau angehören, den Vorzug.

b. Unterstützungen. An Freistellen wurden zehn Prozent der Gesamt-Solleinnahme des Schulgeldes vergeben; mehrere Schüler erhielten Unterstützung aus Privatmitteln.

VII. Mitteilungen an die Schüler und an deren Eltern.

1. Öffentliche Prüfungen.

Freitag, den 13. August.

Vormittags 10—12 Uhr: Sexta: Geographie Herr Mendler.
Quinta: Latein Herr Müller.
Quarta: Geschichte Herr Dr. Heinz.
Tertia inf.: Griechisch Herr Dr. v. Gimborn.

Nachmittags 3—5 Uhr: Tertia sup.: Naturgeschichte Herr Grimm.
Sekunda inf.: Deutsch Herr Oberlehrer Dr. Schunck.
Sekunda sup.: Mathematik Herr Prof. Sauerland.
Prima inf.: Religion Herr Dr. Dreher.

Samstag, den 14. August.

Um 8 Uhr findet ein feierlicher Gottesdienst in der Gymnasialkirche statt;

um 9 Uhr Schlussfeier: Gesang und Deklamation; Ansprache des Direktors, Entlassung der Abiturienten; darauf Verteilung der Zeugnisse.

2. Das neue Schuljahr.

Das neue Schuljahr von Herbst 1886 bis Herbst 1887 beginnt **Montag, den 20. September**, vormittags 8 Uhr mit einem feierlichen Gottesdienste in der Gymnasialkirche; der Unterricht beginnt um 9 Uhr.

Anmeldungen neuer Schüler nimmt der Unterzeichnete am **Samstag, den 18. September**, vormittags von 9—12 Uhr im Konferenzzimmer des Gymnasiums entgegen; doch kann die Anmeldung auch vorher schriftlich erfolgen. Bei der Anmeldung ist 1) der Geburtsschein, 2) ein Abgangszeugnis der zuletzt besuchten Anstalt und 3) ein Attest über erfolgte Impfung oder bei zurückgelegtem 12. Lebensjahre über Wiederimpfung vorzulegen. Die Aufnahme in die Sexta geschieht vorschriftsmässig in der Regel nicht vor dem vollendeten 9. Lebensjahre. Die elementaren Vorkenntnisse, welche bei der Prüfung für die Sexta nachgewiesen werden müssen, lassen sich dahin zusammenfassen, dass gefordert wird: Geläufiges Lesen deutscher und lateinischer Druckschrift; Kenntnis der Redeteile; eine leserliche Handschrift; Fertigkeit, Diktiertes ohne grobe orthographische Fehler nachzuschreiben; Sicherheit in den vier Grundrechnungsarten in ganzen Zahlen; Bekanntschaft mit den Geschichten des Alten und des Neuen Testamentes. Die Aufnahmeprüfungen beginnen Samstag, den 18. September, nachmittags 2 Uhr.

Hinsichtlich der Wahl und jedes späteren Wechsels der Wohnung bei auswärtigen Schülern ist vorherige Rücksprache mit dem Direktor und dessen Genehmigung erforderlich. Ein Unterbringen in Wirtshäusern ist nicht gestattet.

Sigmaringen im August 1886.

Dr. Eberhard,
Gymnasialdirektor.